# TB Joshua
# Servo de Deus

# TB Joshua

## Servo de Deus

Gary e Fiona Tonge

En Gedi Publishing
Reino Unido

*TB Joshua — Servo de Deus*

Copyright © 2021 - Gary e Fiona Tonge. Todos os direitos reservados.

As imagens e as notas de sermão receberam autorização do Profeta T.B. Joshua. Todos os direitos reservados

Todas as passagens bíblicas são extraídas da Almeida Revista e Atualizada - ARA, salvo quando houver outra indicação. Uso com permissão. Todos os direitos reservados.

As passagens bíblicas registradas com NVI foram extraídas versão bíblica Nova Versão Internacional. Uso com permissão. Todos os direitos reservados.

As passagens bíblicas registradas com NBV foram extraídas da versão bíblica Nova Bíblia Viva. Uso com permissão. Todos os direitos reservados.

O conteúdo deste livro não tem a intenção de desencorajar as pessoas a procurarem ajuda médica, seja para diagnóstico, seja para tratamento.

Primeira edição em inglês: junho de 2021
Data desta tradução: junho de 2022

ISBN 978-1-9168991-4-8

En Gedi Publishing Ltd
Union House, 111 New Union Street
Coventry CV1 2NT

www.tbjservantofgod.com

"*Eu li este livro de A a Z. Eu gostei.
Um livro muito interessante não requer
muito tempo para ser lido.
Não há nada que não faça parte de mim
neste livro. Vale a pena ler.*
(20 de abril de 2021)"

# ELOGIO
## *de* T.B. Joshua

# ÍNDICE

|  | Prefácio |  |
|---|---|---|
| UM | É isto! | 1 |
| DOIS | Vida após vida | 19 |
| TRÊS | Quem é como o meu Jesus? | 37 |
| QUATRO | Rumo às nações | 61 |
| CINCO | A vida é um campo de batalha | 89 |
| SEIS | Deus pode usar qualquer meio | 117 |
| SETE | O profeta no Monte | 143 |
| OITO | Um homem do povo | 167 |
| NOVE | A estrada para o céu | 199 |
| DEZ | Epílogo | 207 |

# Prefácio

T.B. Joshua gravou em vídeo um elogio para o livro **TB Joshua — Servo de Deus** em 20 de abril de 2021, no Prayer Mountain (Monte de Oração) na SCOAN, o lugar em que ele passou grande parte de seu tempo buscando a Deus em oração.

Algumas semanas depois, em 05 de junho de 2021, ele entrou no Prayer Garden (Jardim de Oração) conversou com aqueles que lá estavam reunidos aguardando por ele e com os telespectadores da Emmanuel TV, e esta foi sua exortação final:

> Quero agradecê-los por seu tempo e pelo amor que têm por Jesus.
>
> Há um tempo para todas as coisas, um tempo para vir aqui e um tempo para voltar para casa após o culto.

Ele encorajou a todos citando o livro de Mateus 26:41: *"Vigiai e orai"*.

Ao deixar o Prayer Garden (Jardim de Oração), T.B. Joshua, aos 57 anos, foi rapidamente chamado de volta para casa para ficar com o Senhor.

Houve relatos de visitas angélicas testemunhadas pelos presentes no Prayer Garden (Jardim de Oração) naquela tarde.

Ele correu bem a carreira que lhe foi proposta e concluiu suas atribuições terrenas.

Assim que a notícia de seu falecimento se espalhou por nosso mundo digitalmente interconectado, tributos começaram a ser feitos em todos os países e idiomas, tanto por aqueles que tiveram o privilégio de conhecê-lo pessoalmente como por aqueles que apenas o conheceram por meio da Emmanuel TV.

Os tributos vieram de gabinetes presidenciais, incluindo o do atual presidente da Nigéria, ex-presidentes, governadores dos estados da Nigéria bem como de oficiais do governo de outras nações, de proeminentes músicos, atores, jornalistas e atletas.

Em todo o continente africano, outros presidentes em exercício, incluindo os do Sudão do Sul e da Libéria, reconheceram formalmente suas realizações como pacificador internacional e afirmaram que ele foi uma perda para a cristandade em todo o mundo e, especialmente, para a África.

Inúmeras pessoas refletiram sobre como ele os ensinou a amar, a perdoar e a importância de tornar a Bíblia Sagrada (a Palavra de Deus) o padrão para a vida delas. Como um telespectador da Rússia comentou: "Deus fez uma revolução espiritual por meio de Seu vaso, o Profeta T.B. Joshua, transformando o mundo dos cristãos a partir da mente e do coração deles".

T.B. Joshua deixou um legado de serviço e sacrifício para o reino de Deus que permanecerá vivo pelas próximas gerações. Em suas próprias palavras:

> Uma vida para Cristo é tudo o que temos; uma vida para Cristo é muito preciosa.

# É ISTO!

Ficamos parados na grande arena interna boquiabertos de tanta admiração. Bem diante de nós, estávamos vendo uma cena como se fosse da Bíblia, dos Evangelhos. Não era um filme, era real:

"No poderoso nome de Jesus Cristo!"

No auditório todo, as pessoas começaram a reagir quando a oração de autoridade foi feita. As pessoas oprimidas por espíritos malignos e satânicos não podiam escapar; a escuridão dentro delas ficou exposta e evidente para todos verem. As pessoas gritavam e reviravam os olhos caindo no chão e se contorcendo. As pessoas com muletas e cadeiras de rodas se levantavam enquanto a oração da fé continuava. À medida que elas iam caminhando, a força de suas pernas ia aumentando a cada passo.

*Oração em massa em Cingapura*

"Vou orar por aqueles dentre vocês que têm pouca fé para que a sua fé seja suficiente", ecoava a oração. Era o momento do Divino. Era como se estivéssemos vendo Jesus operando e, a partir daí, onde quer que mostrássemos a gravação daquele evento, havia milagres. Por exemplo, anos depois, em uma reunião evangélica em uma rua secundária no centro da cidade de Lahore, Paquistão, com o vídeo projetado em uma tela do outro lado da rua, a mesma cena se desenrolou, e uma mulher cega voltou a enxergar.

Avançando alguns anos no tempo para um evento posterior, realizado no maior estádio de futebol da América Latina, com suas laterais altas e íngremes; para onde quer que se olhasse, havia pessoas de todos os estilos de vida vivenciando milagres instantâneos enquanto a oração reverberava por toda a arena.

*Cruzada com T.B. Joshua no México*

A entrada naquele poderoso estádio foi gratuita e não havia qualquer expectativa de que as pessoas comprassem artigos evangélicos. Enquanto as pessoas testemunhavam a obra sobrenatural de Deus e o efeito da "oração em massa" em todo o estádio, começou o louvor espontâneo de Cristo Vive.

As cenas eram do *National Indoor Stadium* em Cingapura, em 2006, e do Estádio Asteca na Cidade do México, em 2015, e o pastor que estava orando era um homem chamado T.B. Joshua.

Quem é este Jesus em cujo poderoso nome a oração foi feita com a finalidade de ver os aflitos curados e os oprimidos libertos? Ele é o Filho de Deus, Aquele que derramou Seu sangue na cruz por nossos pecados e por cujas feridas fomos sarados.

*T.B. Joshua em 2003*

Quem era este homem T.B. Joshua que estava proclamando a Palavra e a autoridade de Jesus Cristo? De onde veio o poder para causar um impacto tão significativo sem exageros, sem histeria?

Por que nós estávamos presentes ali, um casal britânico e conservador de meia-idade, bem estabelecidos profissionalmente, vindos de uma cidade inglesa famosa por sua catedral? Como viemos a nos envolver com esse mover controverso de Deus?

# É ISTO

## Propósito da revelação de Deus

*Muitos são os planos no coração do homem, mas o que prevalece é o propósito do Senhor.* (Provérbios 19:21 NVI)

> Quando o Deus Todo-Poderoso está executando Seu plano em nossa vida, Ele também projeta e organiza eventos que continuam a se desenrolar até que Seu propósito seja revelado em nossa vida.[1]

Um "fio de ouro" do propósito de Deus estava sendo tecido através de nossas histórias de vida. Há muitos anos, antes de nos conhecermos, tivemos uma experiência com Jesus e constatamos que Ele era real no mesmo mês do mesmo ano (maio de 1973), embora nossos caminhos só tenham vindo a se cruzar cinco anos mais tarde. Isso nos fez iniciar uma jornada juntos rumo a nosso destino divino e à nossa conexão com T.B. Joshua.

Depois de termos participado de muitas conferências, reuniões e grandes encontros cristãos no mundo todo, termos visto o desenvolvimento de vídeos cristãos e diferentes auxílios para o Evangelho, como o Alpha Course, e termos lido centenas de livros, agora era a "hora". Havia chegado a hora de nossas orações serem respondidas de um jeito que não esperávamos. Isso nos levaria a uma jornada, tanto interna quanto externa, que nos faria ver o nome de Jesus glorificado e nos impulsionaria para o futuro que Deus havia preparado para nós.

Nossa vida já estava totalmente ocupada. Além de ter uma carreira próspera tanto no lado regulatório como no de engenharia de transmissão de televisão independente, Gary também era um "pregador leigo" em nossa igreja local. Fiona estava envolvida com obras de caridade e da igreja, cuidava da família e tinha a "casa aberta" para um grupo variado de hóspedes. Nossos filhos, que ainda estavam estudando, também tiveram a vida profundamente impactada e iniciaram suas jornadas individuais em direção a seu destino.

Durante a década de 1990, a reputação local do poderoso ministério

---

[1] Esta é uma "citação aplicável" de T.B. Joshua. No restante do livro, essas citações são identificadas pelo uso de recuo semelhante.

de cura e libertação do Profeta T.B. Joshua havia crescido, primeiro através do boca a boca e, em seguida, por meio de videoclipes exibidos nas estações de TV locais da Nigéria.

Um videoclipe mostrava um homem com uma úlcera terrível nas nádegas (câncer nas nádegas), incapaz de se sentar ou de conseguir comer direito. Sua situação se agravou e ele foi "jogado" na beira da estrada. Um "bom samaritano" arranjou um modo de levá-lo até a igreja de T.B. Joshua, conhecida como SCOAN - Sinagoga, Igreja de Todas as Nações (The Synagogue, Church Of All Nations). Lá ele recebeu a oração da fé e isso o fez conhecer quem o curou: Jesus Cristo. Como T.B. Joshua costumava repetir:

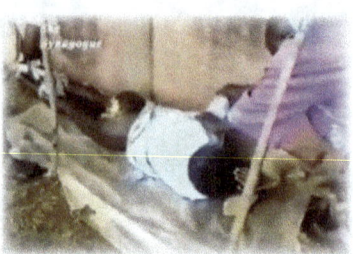
*Homem com câncer nas nádegas*

*Testemunho após sua cura milagrosa*

> Não sou eu quem cura. Apenas conheço Aquele que cura; Seu nome é Jesus Cristo!

Sob a influência do Espírito Santo, após a oração, a ferida foi curada milagrosamente. O homem deu seu testemunho perante uma sala de cheia de pessoas vindas do ocidente que estavam investigando o milagre, e a história foi incluída em uma compilação chamada "Divine Miracles 5" (Milagres Divinos - Parte 5) em fita VHS. Os visitantes entusiasmados da igreja levavam cópias dessa fita para casa a fim de compartilhá-las com outras pessoas.

Assim, as notícias sobre o que Deus estava fazendo na vida do Profeta T.B. Joshua chegaram à Europa por meio de pastores sul-africanos que visitaram a Holanda e de lá foram para nossa pequena e tranquila cidade de Winchester, na Inglaterra. Uma pastora que conhecíamos, que havia visitado a SCOAN mais de uma vez, fazia parte da rede de relacionamentos de nossa igreja. Ela levou um amigo de nossa pequena igreja para visitar a SCOAN. Quando voltou, ele trouxe alguns vídeos, incluindo o "Divine Miracles 5" (Milagres Divinos 5) que mostrava o homem que havia sido curado de câncer nas nádegas.

# É ISTO

Em fevereiro de 2001, após sua visita à SCOAN em Lagos, esse amigo veio à nossa reunião da igreja, levantou-se e nos cumprimentou com um: "Emanuel!", que significa "Deus conosco". Enquanto o ouvia atentamente, algo dentro de Fiona imediatamente a alertou. Havia poder naquela palavra!

Participamos de uma rápida reunião mensal de líderes. Nosso pastor, que estava sempre buscando algo a mais, evidências do "cristianismo autêntico", elogiou os vídeos trazidos da SCOAN. Na reunião, onde tínhamos tantos assuntos que considerávamos urgentes discutir, ele disse que precisávamos assistir a esses vídeos porque, se fossem verdadeiros, eram muito importantes. Ele foi profundamente impactado e percebeu que aquilo era muito mais importante do que a reunião de administração de nossos líderes.

Assistimos àquele filme tremido e ficamos pensativos, pois fomos impactados tanto pela atitude de nosso pastor quanto pelos vídeos em si. Naquela noite, Deus plantou uma semente em nosso coração. Agradecemos a Deus pela prioridade que nosso pastor deu ao poderoso milagre e ao ensinamento da Bíblia sobre o Espírito Santo contido em um dos vídeos chamado "Divine Lectures" (Palestras Divinas).

Tínhamos visto algo e, diante de Deus, agora não tínhamos desculpa! Tínhamos visto um milagre extraordinário ao estilo bíblico gravado em vídeo, algo que tinha demonstrado que:

> A era dos milagres não havia acabado e que o Operador de Milagres ainda estava vivo — e Seu nome é Jesus Cristo!

Em retrospecto, essa foi a resposta de Deus às nossas orações, isso apontou para uma possibilidade real (não teórica ou aspiracional) de realização de nossos sonhos de ver o nome de Jesus ser glorificado em um avivamento.

As maiores oportunidades e desafios vêm sem aviso prévio.

# Experiência na SCOAN

## A primeira visita de Gary

*Cenário local de Lagos em 2001*

*O ônibus da igreja que saiu do aeroporto seguiu balançando por estradas não pavimentadas e, às vezes, como que para deixar a viagem mais emocionante, em certos trechos, ele ia pela contramão, apesar tráfego. O motorista lidava com essa situação com uma indiferença casual, tudo fazia parte de um dia normal de trabalho.*

*Esta foi minha primeira visita à Nigéria e à SCOAN e, embora a senhora sentada ao meu lado no avião tivesse tentado me alertar para não visitar o país, eu estava determinado a manter a mente aberta.*

*Depois de passarmos por muitas igrejas e mesquitas pelo caminho e vermos a aglomeração de pessoas nas ruas, que faz parte da vida da cidade de Lagos, chegamos à igreja.*

*A área do altar era onde as pessoas oravam e, culturalmente, era diferente das igrejas protestantes ocidentais modernas com as quais eu estava mais familiarizado, onde a ênfase tende a ser dada ao espaço de adoração.*

*Ter que dormir em um dormitório e me alimentar com uma comida diferente*

*Altar de La SCOAN en 2001*

*faziam parte do pacote, mas enquanto eu me sentava naquele santuário acolhedor com minha Bíblia, duas perguntas ocupavam a minha mente. Eu tinha observado as críticas de minha colega de voo que eu deveria verificar se o nome de Jesus era exaltado naquele lugar, bem como qual era a atitude deles com relação ao pecado. Essas foram duas das características mais notáveis da visita. Lá, o nome de Jesus era muito mais central do que eu jamais tinha visto antes, e a frase "não peques mais" não era apenas um lema, mas refletia um compromisso autêntico.*

# É ISTO

*A confissão pública de pecado causou um grande impacto em mim. Um dos membros do meu grupo era um ex-viciado em drogas que havia se juntado a um grupo paramilitar na Irlanda do Norte. Sua libertação de espíritos malignos durante o culto na SCOAN foi impressionante, e sua confissão foi algo de arrepiar os cabelos. Ainda assim, algo me tocou profundamente na introdução padrão, que era feita por um dos evangelistas a cada confissão. À medida que ele falava: "Só o Deus Todo-Poderoso pode determinar se um pecado é maior do que outro", aquelas palavras foram penetrando fundo o meu coração. E quanto ao meu próprio pecado, aquele mais "íntimo"? Quem poderia dizer o que eu teria feito se tivesse tido a vida daquele irmão, ou o que ele teria feito se tivesse tido a minha?*

*O Espírito Santo me convenceu de que eu era hipócrita e de ter me tornado "religioso". Mais tarde, durante uma reunião pessoal com o Profeta T.B. Joshua, ele fez algumas anotações em um idioma desconhecido e, em seguida, entregou uma promessa das Escrituras para meditação. Lembro-me das palavras daquela promessa — Salmo 32:5: "tu perdoaste a iniquidade do meu pecado" — queimando sobrenaturalmente em meu coração enquanto eu me arrependia no altar.*

*Voltar para a nossa pacífica zona rural inglesa com aquela grama verde e vacas frísias, bem como para todas as armadilhas da vida de classe média em um país desenvolvido em tempo de paz, foi um contraste gritante com o que eu tinha visto. Eu tinha visto o nome de Jesus ser exaltado, tinha testemunhado a mão poderosa de Deus operando e tinha redescoberto meu "primeiro amor" por Jesus Cristo.*

## A PRIMEIRA VISITA DE FIONA

Fiona, que ficou esperando em casa, retoma a história:

*Recebi uma ligação do aeroporto. "É isto — é por isto que temos orado — cura, libertação, grande progresso, autoridade sobre os espíritos malignos, amor pela Palavra de Deus e, acima de tudo, um ódio genuíno pelo pecado".*

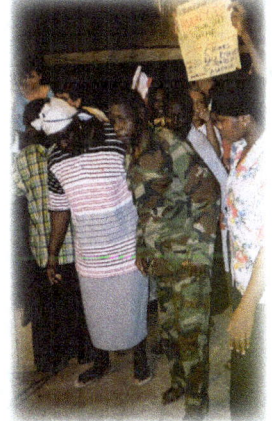

Um soldado recebe cura na SCOAN em 2001

*Agora tinha chegado a minha vez. Algumas semanas*

depois, logo depois de o mundo ter sido abalado pelo ataque terrorista de 11 de setembro, e com alguma apreensão, embarquei no avião para aquele continente desconhecido. Ter que compartilhar o dormitório com um grupo de australianos entusiasmados, assistir aos vídeos de cura e ensino até minhas costas doerem e experimentar a exposição à unção do Espírito Santo, tudo isso me levou a um período desafiador, desconfortável e estimulante. Desenvolvi uma grande consciência do pecado e, por fim, acabei me arrependendo do meu pecado e da dureza de coração.

Na fila de oração, durante a oração, senti um calor no pescoço e percebi que estava curada. Aos 19 anos, quando ainda era estudante de enfermagem, sofri uma lesão de enfermagem que me causava dores nas costas e no pescoço, precisava de medicação e, às vezes, de um colar ortopédico para o pescoço. Também sofri de insônia intermitente por muitos anos; às vezes, só conseguia dormir por duas horas antes de ter que preparar meus filhos para a escola. Tudo isso passou a ser uma coisa do passado.

Novamente com um nível de avivamento de consciência do pecado queimando em meu coração, fiquei esperando para entrar no pequeno gabinete para minha breve consulta com o T.B. Joshua. Eu o vi com meus olhos, mas não o "vi". A consciência de Deus é algo que ao se experimentar uma vez, nunca mais se esquece. Isso me lembrou do grande dia em que, aos 17 anos, aceitei a um convite do Evangelho (uma chamada do altar) em uma igreja Batista tradicional. Quando o pastor veio apertar minha mão, eu não o vi; em vez disso, tive uma visão de Jesus sorrindo para mim.

Multidões fora da SCOAN em 2001

Era a mesma consciência; porém, mais profunda, difícil de explicar por que nenhuma palavra foi dita. Eu vi um apóstolo, nos moldes da Bíblia, fazendo as "obras maiores" que Jesus disse que todos os que acreditassem Nele fariam. Eu pude ver algo da capacidade de Jesus dentro dele.

> Jesus Cristo descreveu o Espírito Santo como rios de Água Viva, que fluiriam do íntimo dos crentes para atender às necessidades dos outros.

# É ISTO

*Naquele dia, eu vi isso na prática. No avião para casa, em minha mente havia só duas coisas, duas canções que foram cantadas na Sinagoga:*

*Minha vida, eu entregarei a Deus minha vida. Se eu entregar a Deus minha vida, Ele cuidará de mim. Ele nunca vai me decepcionar; vou entregar a Deus minha vida.*

*Quem é como meu Jesus, quem é como meu Senhor?*

*Quando Gary me buscou no aeroporto de Heathrow, estávamos no mesmo espírito e, a partir de então, a vida nunca mais seria a mesma. Eu estava com este versículo da Bíblia em minha mente:*

"Bem-aventurados, porém, os vossos olhos, porque veem; e os vossos ouvidos, porque ouvem. Pois em verdade vos digo que muitos profetas e justos desejaram ver o que vedes e não viram; e ouvir o que ouvis e não ouviram". (Mateus 13:16–17)

Na verdade, tínhamos consciência dessa bênção.

## O Milênio

Durante a passagem de 1999 para o novo Milênio, antes de ouvirmos o nome T.B. Joshua, havíamos levado nossa família ao exterior para um culto de celebração em Toronto, Canadá, e depois para uma escola de ensino bíblico por três dias. No dia de Ano Novo de 2000 na escola bíblica, em um dos seminários, Guy Chevreau falou sobre o avivamento e disse três coisas que jamais esqueceríamos:

1. Será diferente do que você pensa.
2. Há mais coisas acontecendo nos reinos celestiais do que você pode imaginar no momento.
3. O cumprimento de tudo aquilo pelo que estão orando exigirá mais sacrifício de sua vida do que a maioria de vocês se sente confortável no momento.

E só foram seis meses depois que descobrimos o que Deus estava fazendo por meio da vida de Seu servo T.B. Joshua. Impressionante, como aquelas simples declarações foram tão verdadeiras.

Vários anos depois, tivemos a oportunidade de conhecer Guy Chevreau quando ele estava ministrando em uma igreja na Inglaterra e pudemos dizer a ele pessoalmente como aquela mensagem havia sido importante para nós.

## O CRISTIANISMO NÃO É UMA RELIGIÃO

*Pregação de T.B. Joshua em 2002*

"Qual é o seu comportamento em casa, no mercado?" Com um semblante acolhedor, mas sério, o homem de Deus estava se dirigindo à congregação. Em uma de nossas primeiras visitas, o sermão sobre a semelhança com Cristo falou diretamente a todos nós que estávamos ouvindo. O cristianismo não é uma religião, mas um relacionamento com Jesus Cristo que deve impactar a forma que vivemos.

Muitos são cristãos profissionais, e não de coração. Pois as ações geradas a partir dos pensamentos no recesso íntimo revelam outro deus, algo, alguém que colocamos acima de Deus.

Passados os primeiros dias de nossa conversão a Jesus, quando líamos a Bíblia como se nossa vida dependesse dela e tínhamos uma fé mais simples, nós nos tornamos mais "profissionais". Agora, nós sabíamos a linguagem correta e como nos prepararmos bem para várias atividades "cristãs". Mas o nosso coração estava ficando mais próximo ou mais distante de Deus?

> A parte principal do cristianismo não é a obra que fazemos, mas o relacionamento que mantemos e a atmosfera produzida por esse relacionamento.

Pode ser possível impressionar as pessoas com um comportamento cuidadosamente preparado, mas Deus está interessado no "eu verdadeiro" que está por baixo. Como T.B. Joshua colocou em uma mensagem mais recente:

> O que você faz em segredo é o que irá expor você abertamente. Não há atalhos para a maturidade espiritual. Nós nos tornamos espirituais quando vivemos na Palavra e pela Palavra que vive em nós.

# É ISTO

Nós também nos conscientizamos de que nossa crença sobre a salvação corria o risco de se tornar algo mais conceitual do que prático. Mas como T.B. Joshua disse:

> Apenas o seu caráter pode testemunhar a autenticidade da sua confissão de Cristo.

Não devemos confessar apenas com a boca, mas crer no coração, e essa crença se expressa em nosso caráter e nas pequenas coisas que fazemos em nosso dia a dia, e não em consentimento mental com a doutrina correta ou fatos sobre Jesus. O novo nascimento não é algo puramente místico que podemos reivindicar apenas pela confissão e consentimento mental; é o resultado da obra prática real do Espírito Santo para trazer transformações.

Nós tínhamos lido livros e acreditávamos que entendíamos a teologia sobre isso, mas foi a clareza da Palavra de Deus e a demonstração do Espírito de Deus, por meio do ministério do Profeta T.B. Joshua, que fez com que essa verdade penetrasse em nosso coração.

Na Inglaterra do século XVIII, John Fletcher, um contemporâneo próximo de John Wesley, estava lidando com uma tendência semelhante à "religiosidade" quando escreveu, com sua franqueza costumeira:

*Rev. John W. Fletcher (1729–1785)*

> Se nossos ouvintes não regenerados obtiverem ideias ortodoxas sobre o caminho da salvação, na boca, frases evangélicas sobre o amor de Jesus e um zelo caloroso por nosso partido e formas favoritas no coração; sem mais delongas, nós os ajudamos a se classificarem entre os filhos de Deus. Mas, ai de mim! Esta autoadoção na família de Cristo não será aprovada no céu assim como a autoimputação da justiça de Cristo também não será. A obra do Espírito é responsável por isso, e somente ela.[2]

---

2  Fletcher, J. W. (1771). *A second check to antinomianism...* (Uma segunda verificação do antinomianismo...) W. Strahan. p. 66

## Cristianismo Prático

> Nem tudo depende de Deus e, certamente, nem tudo depende de nós; é preciso a capacidade de Deus e a nossa vontade para ocasionar a salvação.

Essa citação de T.B. Joshua reflete o equilíbrio saudável entre a graça e as obras que é a base para o cristianismo "prático". Essa tem sido a marca registrada de crentes eficazes no decorrer das eras. No século XVII, por exemplo, o bispo Ezekiel Hopkins (1634-1690) disse basicamente a mesma coisa em seu sermão sobre o Cristianismo Prático:

> Em primeiro lugar, empenhe-se com fervor, constância e obstinação para fazer o bem, como se somente suas obras pudessem justificá-lo e salvá-lo. Em segundo lugar, confie e dependa totalmente dos méritos de Jesus Cristo para sua justificação e salvação, como se você nunca tivesse realizado um ato de obediência em toda a sua vida.[3]

Nós vimos em T.B. Joshua alguém que não apenas ensinou esse equilíbrio com mais clareza do que havíamos ouvido antes, como também sua vida foi uma "carta viva" consistente com essa verdade.

## Livrai-nos do mal

Outra coisa que nos impactou foi ver as pessoas sendo libertas de espíritos malignos. Não era algo pretensioso ou sobrenatural, mas tratava da fonte real do mal presente.

Raiva, violência, medo, ódio, pensamentos contínuos de morte, dor e tormento — todos os dias em nossas telas ou jornais, lemos sobre atitudes que causam a morte inspiradas por essas forças, e todos nós já as experimentamos em nosso próprio coração.

Na oração do Pai Nosso, Jesus Cristo nos ensina a orar diariamente: "Livrai-nos do mal" (Mateus 6:13). Todo mundo precisa de libertação! T.B. Joshua descreveu a batalha diária enfrentada pelos crentes assim:

---

[3] Hopkins, E. (1701). *The Works of the Right Reverend and Learned Ezekiel Hopkins* (As obras do erudito Reverendíssimo Ezekiel Hopkins), Jonathan Robinson. p. 665

# É ISTO

Haverá uma constante guerra entre a carne e o espírito enquanto estivermos neste mundo. Uma guerra está acontecendo em seu coração entre fé e dúvida, humildade e orgulho, esperança e desespero, paz e raiva, paciência e impaciência, conhecimento e ignorância, domínio próprio e ganância.

Essa não é uma guerra apenas figurativa. Existem espíritos malignos de dúvida, infidelidade, impureza, etc., e precisamos resistir-lhes firmemente e negar a eles acesso à nossa vida.

Devido à sua formação em enfermagem, Fiona tinha uma perspectiva particular:

*Aprendi que, muitas vezes, por trás das doenças físicas e da opressão psicológica também existem forças que não podemos explicar naturalmente. A libertação durante a oração em massa estava operando em outro nível, em vez de trabalhar contra as maravilhas da medicina moderna, estava somando forças a ela.*

Vimos que as forças negativas (espíritos malignos) são expulsas com uma palavra de autoridade por meio do poderoso nome de Jesus Cristo. Mas também temos um papel a desempenhar para continuar vivendo vitoriosamente: devemos adotar um estilo de vida baseado no pensamento positivo, na ação positiva e no falar positivo, tornando a Palavra de Deus o padrão para nossa vida.

## Choque cultural

Nossos primeiros contatos com a SCOAN também foram um choque cultural.

Um vídeo inicial muito instrutivo (em formato VHS) de reconciliação familiar contava a história de um homem nigeriano cuja namorada havia ficado grávida e ele a havia abandonado muitos anos antes. No culto da igreja, uma palavra profética poderosa do Profeta T.B. Joshua identificou esse homem que tinha vindo para receber oração para ter "sucesso" nos negócios. Foi dito que ele havia engravidado uma moça na juventude e, agora, ele precisava encontrá-la e assumir sua responsabilidade pela criança. Atordoado, o homem saiu da igreja e fez de tudo para rastrear a moça, agora mãe solteira. A mãe solteira veio com o menino para a igreja. Agora, ela estava muito feliz, porque seu filho receberia cuidados paternais e ajuda financeira. Não foi feita qualquer sugestão para que eles se casassem, mas simplesmente que eles deveriam cuidar juntos do filho para que ele tivesse um pai. O testemunho além de muito comovente também foi uma provocação aos ouvintes ao evidenciar que o Deus Todo-Poderoso tudo vê. A mãe e a criança ficaram muito gratas.

No entanto, ao voltar para o Reino Unido, Fiona deu a fita VHS para a líder de uma instituição de caridade para a qual ela trabalhava como voluntária. Essa mulher assistiu ao vídeo usando as lentes culturais britânicas e comentou simplesmente como se a senhora fosse uma mãe solteira no Reino Unido, apoiada financeiramente pelo Estado de Bem-Estar Social. Para ela, a questão principal não era prática ou financeira, mas emocional — como a mãe deve ter se sentido ao ver o pai da criança novamente? Isso foi bastante revelador!

Observamos algo que também vimos em nós mesmos, uma vontade subconsciente de impor nossa própria "cultura" como uma norma, de filtrar tudo através do filtro de nossa visão de mundo pessoal.

T.B. Joshua comentou uma vez que ele teve que viver acima de sua cultura; a filosofia de Jesus deve substituir nossas normas e educação.

No entanto, não havia dúvidas de que esta obra de Deus estava sendo realizada em um ambiente cultural com o qual não estávamos familiarizados. O choque entre nossas culturas nos ajudou a reconhecer algumas áreas onde, inconscientemente, entendemos a Bíblia segundo as limitações de nossa própria experiência, valores e expectativas. Aqui, estávamos vendo algo diferente que, sendo mais "rústico", de muitas maneiras, estava mais próximo da Bíblia.

Por exemplo, foi fácil para nós interpretar a igreja primitiva como se ela tivesse uma estrutura administrativa, com os "presbíteros" tendo reuniões sobre a política da igreja e os apóstolos em Jerusalém sendo o nível superior de supervisão. Em contrapartida, isso se tratava mais de fé e caráter. T.B. Joshua não estava agindo como um gerente ao estilo ocidental, mas sem dúvida aquilo foi um incentivo ao arrependimento e à fé em Cristo.

Uma fraqueza específica de nossa cultura inglesa de classe média é a ênfase demasiada que damos às aparências. É mais confortável focar a apresentação, a aparência e fazer novas resoluções em vez de manter a fidelidade até o fim. Querer mudar pode ser bom, mas o processo de mudança real costuma ser doloroso e desafiador.

## Devagar e sempre

A visão foi incrível e emocionante. Tínhamos encontrado o que estávamos procurando! No entanto, percebemos que realinhar nossa vida não seria algo rápido e fácil. Sentimos que precisávamos "desaprender" muitas das coisas boas que havíamos aprendido anteriormente, porque elas se tornaram culturalmente contaminadas e as aceitamos em um nível muito superficial.

Para isso tínhamos uma boa analogia: a melhoria das estradas no Reino Unido. Quando o tráfego aumentava de forma que a estrada não dava mais conta do volume, era comum construir uma nova faixa de rodagem dupla (rodovia dividida). Embora a direção e o destino fossem os mesmos, a estrada antiga costumava ser deixada de lado e uma estrada completamente nova era construída, projetada desde o início para os maiores volumes de tráfego. O mesmo acontecia conosco; não estávamos indo em uma nova direção, mas precisávamos começar de novo desde o início.

Por meio do ensino bíblico de T.B. Joshua, vimos que as principais ferramentas de que precisaríamos eram paciência, perseverança e resistência. Um sermão que achamos particularmente útil sobre isso foi o segundo de uma série chamada "Devagar e sempre" ("Slowly but surely", título original), ministrado no início de 2005.

**DEVAGAR E SEMPRE — PARTE 2**

*T. B. Joshua, culto de domingo da SCOAN, 13 de fevereiro de 2005*

*João 5:1-14 — (1-6) — Passadas estas coisas, havia uma festa dos judeus, e Jesus subiu para Jerusalém. Ora, existe ali, junto à Porta das Ovelhas, um tanque, chamado em hebraico Betesda, o qual tem cinco pavilhões. Nestes, jazia uma multidão de enfermos, cegos, coxos, paralíticos [esperando que se movesse a água. Porquanto um anjo descia em certo tempo, agitando-a; e o primeiro que entrava no tanque, uma vez agitada a água, sarava de qualquer doença que tivesse]. Estava ali um homem enfermo havia trinta e oito anos. Jesus, vendo-o deitado e sabendo que estava assim há muito tempo, perguntou-lhe: 'Queres ser curado?'"*

Há muitas lições aqui para aprendermos sobre o tempo de Deus. O tempo de Deus é o melhor. É preciso esperar o tempo de Deus. Lá no tanque de Betesda havia um homem que não se incomodou com o tempo que teve que esperar porque cria em Deus. Ele acreditava que se conseguisse mergulhar na água, seria curado. Enquanto esperava à beira do tanque, muitas pessoas foram curadas em sua presença, e ele deve ter ouvido muitos testemunhos. Ele estava ali deitado sem ninguém para ajudá-lo, mas não desanimou porque cria no tempo de Deus.

João 5:14 — *"Mais tarde, Jesus o encontrou no templo e lhe disse: 'Olha que já estás curado; não peques mais, para que não te suceda coisa pior'".*

Aqui na Sinagoga, você pode vir para orar por um problema específico e, depois da oração, o problema é resolvido. Um homem sem visão não desejará nada além dessa cura. Mas este homem, na Bíblia, viu uma razão além de sua cura: a salvação de sua alma. Foi por isso que Jesus o encontrou no templo, não em uma cervejaria ou em um bordel. A Bíblia mostra que Jesus enfatizou a necessidade de ele manter-se santo para preservar seu milagre. É por isso que Jesus disse a ele: "Vá e não peques mais", ou seja, não faça isso de novo!

Jesus achou necessário dar esse aviso para conscientizá-lo. É comum as pessoas fazerem promessas quando estão doentes, com privações, precisando de algo ou com problemas. Mas no dia seguinte, eles esquecem tudo — as promessas, o zelo que mostraram no início e o sofrimento que experimentaram no passado.

Lembre-se da primeira vez que você veio com uma dificuldade, um problema ou uma doença. Lembre-se de sua promessa de servir a Deus com todos os seus bens depois que ficasse bem. Você ainda está mantendo aquela promessa? Aquele homem do tanque de Betesda cumpriu sua promessa; foi por isso que Jesus o encontrou no templo. Ele viu um motivo além de sua cura. Se você tivesse continuado sua vida cristã da maneira como a começou, sua situação não seria como é hoje. Pelo fato de o homem ter tido uma visão, ele continuou perseverando. O homem sabia para onde estava indo, então continuou perseverando.

Para onde você está indo tem a ver com seu futuro divino; tem a ver com seu destino divino. Se para onde vou hoje me disser que vou ser pescador, amanhã vou comprar uma rede de pesca porque, com ela, sei que vou prosperar.

Para onde você está indo? Você está indo rumo ao seu destino divino? Se você está indo rumo ao seu destino divino, você terá resistência, perseverança e paciência. Essas são as ferramentas. Quando você tem essas ferramentas, é capaz de lidar com isso. No entanto, um homem sem visão é um homem sem paciência.

Um bom exemplo é José, filho de Jacó. Considere a estrada para seu destino divino: da cisterna vazia à escravidão na casa de Potifar e depois da prisão ao trono. Foi porque ele tinha uma visão que conseguiu suportar a dor na cisterna vazia. Foi porque ele tinha uma visão que conseguiu lidar com a tentação da mulher de Potifar. Foi porque ele tinha uma visão que conseguiu resistir às condições da prisão. Cada vez que José se encontrava em um lugar contrário à sua visão, ele dizia a si mesmo: "Eu sei à qual lugar eu pertenço; não é aqui! Esta não é a promessa de Deus!" Isso lhe dava forças para suportar sua condição do momento.

Lembre-se de que nosso problema se torna mais fácil de lidar quando sabemos que não vai durar muito. José sabia que qualquer problema pelo qual estava passando duraria pouco tempo.

A estrada para seu destino divino, a estrada para seu futuro divino não é um mar de rosas. Você vai encontrar escorpiões, cobras, espinhos e muito mais! É por isso que você deve ter resistência. É por isso que você deve ter paciência. É por isso que você deve ter perseverança. Quando você não sabe para onde está indo, não consegue resistir; não consegue ser paciente.

Muitos de vocês aqui têm a promessa de Deus, mas lhes falta paciência, perseverança e resistência. Esta é uma mensagem que você deve seguir se quiser ter sucesso na vida. Se você tem uma visão, você sabe para onde está indo e para onde está indo tem a ver com o seu destino divino.

Quando você tem uma visão, você tem ousadia; você tem confiança. Mas um homem sem visão é um homem sem paciência, sem perseverança, sem resistência. Quando você tem uma visão, mesmo quando alguém lhe dá um tapa, você dá a outra face se isso possibilitar que você alcance seu objetivo.

# Vida após vida

— E'kaaro!

Sorrindo, as senhoras da aldeia cumprimentaram Madame Folarin Aisha Adesiji Balogun, mãe de T.B. Joshua, em iorubá, no dia especial da cerimônia de batismo em junho de 1963.

Com vestidos coloridos e carregando grandes potes de arroz aromatizado, as senhoras começaram a se preparar para a festa.

— Senhora, você deve estar muito agradecida a Deus pelo livramento. O que será que Deus Todo-Poderoso reservou para seu filhinho?

*O telhado foi perfurado por um grande pedaço de rocha*

— Sim, ele está bem, olhe só, ele está dormindo tranquilamente no tapete! — foi a resposta feliz.

Perto dali, os empreiteiros da Water Corporation estavam explodindo rochas para abrir caminho para suas tubulações.

Tudo estava quase pronto para a cerimônia de batismo quando, de repente, um grande pedaço de rocha voou de onde eles estavam explodindo, perfurou o telhado onde as pessoas estavam comemorando e caiu onde aquela criança especial havia sido colocada. A pedra não acertou o bebê por pouco. Ninguém viu o pequeno sendo carregado para outra parte do quarto. Eles só viram que o bebê (de apenas sete dias) estava em outro lugar e estava chorando muito. Mas por milagre, ele saiu ileso. O que estava acontecendo no mundo espiritual? Só o tempo diria!

À medida que a gritaria diminuía e os presentes regozijavam-se dizendo: "O bebê está seguro!" de repente, houve mais comoção. A senhora Folarin, a mãe do pequeno Balogun Francis (futuro Joshua), foi vista caída no chão; os esforços para reanimá-la foram inúteis; ela estava desmaiada.

Uma testemunha segurando o pedaço de rocha verdadeiro

"Vamos levá-la para o hospital!" Todos os vizinhos se reuniram, chamaram um transporte usado para emergências e, com alguém carregando o bebê ainda sem nome, todos foram para o hospital. O arroz ficou lá estragando.

O que aconteceu? O Deus Todo-Poderoso havia realizado um milagre e, conforme a notícia se espalhava pela aldeia, as pessoas comentavam:

— Devemos cuidar dessa criança; certamente foi Deus quem primeiro a protegeu no ventre e agora a protegeu da morte e de ferimentos.

## Nascimento e infância de T.B. Joshua

Em uma comunidade rural chamada Aridigi, no estado de Ondô, há um século, havia uma profecia incomum sendo comentada. Balogun Okoorun, guerreiro e fazendeiro, profetizou que daquela rústica comunidade surgiria um homem poderoso, famoso e com muitos seguidores.

Arigidi no estado de Ondo, na Nigeria

Temitope Balogun (mais tarde chamado de Joshua) nasceu em 12 de junho de 1963. Seu pai era Pa Kolawole Balogun da região de Imo, e sua mãe, a senhora Folarin Aisha Adesiji Balogun, da região de Osin. Ele foi o último filho.

A história de seu período no útero viria a ser muito discutida. O bebê estava quieto no útero. Durante os últimos três meses antes da data prevista para o parto, quando uma boa quantidade de chutes era esperada, o futuro Joshua, ainda no útero, ficou totalmente imóvel. Isso resultou em um período de longa internação no hospital. Foram feitas inúmeras discussões sobre a possibilidade de uma cesariana (até hoje, esse é um procedimento caro e arriscado em áreas rurais mais isoladas da Nigéria).

*Casa da infância de T.B. Joshua*

Sua mãe lembrou que estava deitada na cama do hospital, quando um pastor entrou e disse que ela não deveria ser operada, pois Deus estava ocupado preparando a criança. Então, ele recomendou que ela fosse para casa, advertindo-a de que se ela se submetesse a uma operação, a cirurgia não seria bem-sucedida. A mesma mensagem foi transmitida ao médico.

Então, ela deixou o hospital após três meses e retornou para casa a fim de continuar sua espera. Finalmente, uma noite, após o 14º mês de gravidez, o bebê nasceu de parto normal. Todos se alegraram, mas a cerimônia de nomeação nunca aconteceu por causa do incidente da "pedra voadora" contado no início deste capítulo.

Quando o bebê finalmente recebeu o nome, ele recebeu muitos nomes, embora o preferido por ele e seus pais fosse Temitope, que significa: "O que Tu (Deus) fizeste por mim é digno de agradecimento".

Criado em um lar cristão, seu pai, ainda vivo, era fazendeiro e também secretário da igreja St. Stephen no vilarejo. Pa Kolawole morreu quando T.B. Joshua ainda era pequeno. Uma de suas primeiras lembranças é de seu pai levando-o consigo para a igreja quando ele ia trabalhar lá.

*Pa Kolawole Balogun, pai de T.B. Joshua*

Os primeiros sinais de zelo espiritual marcaram seus anos na Escola Primária no vilarejo. Seu assunto favorito era Conhecimento da Bíblia, e ele adorava ler as Escrituras. Já nessa idade, ele lia toda a Bíblia regularmente e ensinava outras pessoas.

Foi lá que ele ganhou o apelido de "Pequeno Pastor" e, mais tarde, viria a liderar a Irmandade Estudantil Cristã.

Um incidente específico daqueles primeiros dias foi lembrado. Foi quando um louco entrou na escola com um cutelo. Tanto os alunos como os professores estavam correndo, e ninguém queria chegar perto dele. Entretanto, o "pequeno pastor" se aproximou com confiança do louco e ordenou que ele lhe entregasse o cutelo em nome de Jesus, e ele entregou.

*Escola Primária Saint Stephen em Arigidi*

Com isso, podemos concluir que o ministério de T.B. Joshua começou na Escola Primária St. Stephen, onde ele pegou o cutelo do louco e começou a liderar a União das Escrituras, ensinando a Palavra e orando por muitas pessoas. Ele disse que sua consciência da presença de Deus começou aí, e continuou a partir daí. Na verdade: "Tudo que é grande começa pequeno".

*T.B. Joshua após concluir o a escola primária*

## Mudando-se para Lagos

Embora ele tenha se saído bem na escola primária, sua experiência na escola secundária não foi tão fácil. Na verdade, foi permeada por muitas dificuldades.

Os problemas financeiros enfrentados pela família a impossibilitaram de arcar com as mensalidades. Mesmo que, posteriormente, ele tenha conseguido entrar em uma faculdade muçulmana, a Ansar-Ud-deen Grammar School, em Ikare, perto de sua cidade natal, ele teve que enfrentar desafios.

Carregar a Bíblia abertamente era proibido, e o

*T.B. Joshua aos 17 anos*

pequeno grupo de crentes cristãos, tendo ele como líder, se reunia em segredo para ler a Bíblia. Por fim, ele acabou largando a faculdade e voltando para casa; ficando, por um tempo, sem dar continuidade à educação formal.

Pensando em um jeito de ganhar a vida que o ajudasse a financiar qualquer educação adicional, ele decidiu se mudar para Lagos. Para isso, ele pegou carona em um caminhão de mandioca, onde dormia à noite, pois a viagem levou quatro dias até Lagos. Ele foi deixado no quilômetro 20, onde há um enorme mercado internacional de frutas e vegetais.

T.B. Joshua aos 20 anos

Lá ele conseguiu um emprego temporário para lavar os pés sujos dos clientes do mercado, até o dia em que ouviu seu dialeto local. Ele interrompeu a conversa das mulheres, e elas o ajudaram a localizar sua irmã, que havia se mudado para Lagos. Por um tempo, ele conseguiu ficar com ela em Egbe.

Mas, por não querer ser um fardo para ela, ele seguiu em frente e conseguiu um emprego em uma granja para transportar esterco de galinha. Ele ficou nesse emprego por um ano e, durante esse tempo, ele não conseguia se livrar do cheiro de seu corpo, por mais sabão que usasse e, muitas vezes, havia moscas pairando ao seu redor.

Mesmo passados muitos anos, T.B. Joshua nunca se esqueceu como era trabalhar dia após dia em um emprego mal remunerado e um tanto degradante que até mesmo os nigerianos locais não estavam dispostos a aceitar.

Ao mesmo tempo, ele tentou dar continuidade à sua educação matriculando-se em diferentes escolas noturnas. Custear seus estudos era um problema, pois ele precisava trabalhar em tempo integral para pagar o aluguel e a alimentação.

Quando ele conseguiu permanecer uma escola por um tempo, perceberam que ele era bom em atletismo. Durante esse período desafiador de sua vida, ele também ensinava a Bíblia às crianças.

Seus esforços para finalmente avançar no sistema educacional nacional da Nigéria fracassaram quatro vezes. Ele se inscreveu para os exames da JAMB (Junta de Admissão e Matrícula), mas, por motivos diversos, como acidente no trajeto até o local do exame e, às vezes, o esquecimento de documentos importantes, seus esforços foram frustrados.

Algumas pessoas ficaram intrigadas com esse enigma, mas felizmente sua mãe, uma mulher de fé, viu isso como algo em que Deus estava envolvido — uma "pausa" na jornada até seu destino.

Em nenhuma outra ocasião, isso foi mais evidente do que a experiência de uma possível grande decepção de tentar se alistar no exército nigeriano.

Dessa vez, ele passou no exame de admissão para a Academia de Defesa da Nigéria, Kaduna, e foi convidado para uma entrevista. Quem sabe, desta vez, o sucesso lhe acenaria? No entanto, o trem no qual ele estava viajando de Lagos para Kaduna sofreu falhas mecânicas graves, quebrando e deixando todos os passageiros por seis longos dias no "mato" no estado de Kwara e com poucos alimentos. Ele perdeu a entrevista porque não tinha dinheiro para arranjar outra forma de chegar lá.

T.B. Joshua refletiria mais tarde: "Quem sabe o que teria acontecido se eu tivesse comparecido àquela entrevista? Fiquei muito amargurado por ter perdido outra chance de vencer na vida".

Ao retornar para o vilarejo, sua mãe lhe disse palavras que o confortaram durante aquela fase de "cisterna vazia", como José no conhecido relato de Gênesis.

> "Meu filho, não se importe com a aparência das coisas a partir de hoje. Se alguma vez confiei em um algum filho foi em você. Não tenha medo do que o futuro lhe reserva, porque eu sei que se alguém está destinado ao fracasso, esse alguém não é você. Portanto, seja paciente e você verá o que Deus fará em sua vida. Tenho certeza de seu grande êxito futuro, considerando a força das predições e profecias a seu respeito, mesmo antes de você nascer. Não tem como esquecer facilmente o que passei quando estava grávida de você e sei que Deus não pode mentir. Meu filho, não importa o que você esteja passando hoje, considere isso um revés temporário com o objetivo de prepará-lo para os desafios que virão. Não se esqueça de que o seu nome é "Temi-

# Vida após vida

tope" e, pela graça de Deus, o mundo inteiro terá motivos para agradecer a Deus por sua causa".[4]

Na verdade, essa palavra de fé estava para se cumprir. Anos depois, seu ensino bíblico sobre José na Emmanuel TV encorajaria milhares de pessoas.

A "cisterna vazia" é onde você não consegue ver nenhuma saída para a situação, nenhuma fonte de suprimento, mas como José dos tempos antigos não cedeu à amargura e à ofensa, Temitope Balogun Joshua também não cedeu. Mais tarde ele comentaria:

> "Em minha caminhada espiritual com Deus, passei por momentos bons e difíceis. Quem sabe o que teria acontecido se essas pausas não tivessem ocorrido de tempos em tempos. Lembre-se de que quando Deus está cumprindo o Seu plano em nossa vida, Ele também projeta e organiza eventos que continuam a se desenrolar até que Seu propósito seja revelado. Os altos e baixos em minha educação foram parte dos eventos que revelaram o propósito de Deus em minha vida. Lembre-se, o homem pobre não é aquele que não tem dinheiro, mas o que não tem um sonho".[4]

Ele reconhecia o exemplo positivo de sua mãe com frequência em seus sermões, por exemplo, referindo-se à incansável limpeza que sua mãe fazia na igreja. Momento em que ela orava para que Deus limpasse o coração dela enquanto ela limpava a casa Dele. Ele também atribuiu a ela a seguinte citação, que impactou positivamente sua vida:

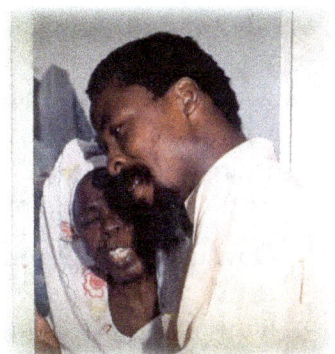

*T.B. Joshua com uma fotografia de sua mãe*

> "Quando tudo está bem, e o mar calmo e seguro, ninguém é realmente testado."

Anos mais tarde, enquanto visitava as Bahamas, onde foi recebido pelo governador-geral do país, ele foi informado da última doença de sua mãe. Logo em seguida, ela faleceu antes que ele pudesse retornar à Nigéria.[5]

---

4 *Uma Pausa na minha Vida*, blog da SCOAN, 5 de outubro de 2009
5 *História não contada de um mistério - Profeta TB Joshua*, O Sol (Nigéria), 5 de abril de 2009

# Chamado Divino

O ano era 1987 e, após seus anos em Lagos, o Espírito Santo instruiu T.B. Joshua a dedicar um tempo prolongado buscando a face de Deus em um monte perto de Arigidi, sua cidade natal. Lá, ele jejuou e orou por 40 dias e 40 noites. Ele escreveu que teve uma visão celestial em que ele recebia a unção divina e uma aliança de Deus para iniciar seu ministério:

> VIDA APÓS VIDA
>
> Fiquei em transe por três dias consecutivos, então vi uma mão que apontava uma Bíblia para meu coração, e a Bíblia entrou em meu coração, e meu coração anterior pareceu mergulhar na Bíblia imediatamente. Então a consciência veio, e eu vi os apóstolos e os profetas da antiguidade com alguém cuja cabeça eu não podia ver por que Ele era alto chegando até o céu e suspenso no ar, o que eu acredito que era nosso Senhor, Jesus Cristo, sentado no meio deles. Eu também me vi no meio deles.

*Orando no monte*

> Depois de um tempo, vi a mão do mesmo homem alto; não pude contemplar Seu rosto, que brilhava com uma luz inimaginável, alto chegando até o céu e suspenso no ar. Mas eu pude ver os rostos dos apóstolos, especialmente os dos apóstolos Pedro e Paulo, dos profetas Moisés, Elias e de outros. Seus nomes estavam escritos em negrito no peito deles.
>
> Ouvi uma voz dizendo: "Eu sou o seu Deus; estou lhe dando a comissão divina de realizar a obra do Pai Celestial". Ao mesmo tempo, a mesma mão do homem alto me entregou uma pequena cruz e uma grande Bíblia, maior do que aquela que havia entrado em meu coração com a promessa de que, à medida que eu continuasse persistindo, em Seu tempo e em Seu nome, eu receberia uma cruz maior, mas se eu falhasse, o oposto ocorreria. Também ouvi a voz do mesmo homem alto (não conseguia ver a sua cabeça), dizendo: "Eu sou o Senhor vosso Deus que era e que é Jesus Cristo", dando ordens a todos os apóstolos e profetas. A mesma voz me disse: "Quero mostrar a ti as formas

# VIDA APÓS VIDA

maravilhosas em que me revelarei por meio de ti, no ensino, na pregação, nos milagres, nos sinais e nas maravilhas para a salvação das almas".

Desde então, tenho recebido na minha visão, a cada ano segundo a minha fidelidade a Deus, uma cruz maior que significa para mim a incumbência de mais responsabilidades.

A Bíblia que entrou em meu coração simbolizava o Espírito e a vida (o Espírito Santo). A Palavra de Deus é Espírito e vida. Ele não faz nada sem Sua Palavra. O livro de Romanos 8:16 diz que o Espírito de Deus testifica com nosso espírito para declarar que somos filhos de Deus. O Pai nos deu o Espírito para nós nos tornarmos semelhantes a Seu Filho.

T.B. Joshua ao voltar após 40 dias de jejum

*Pai, obrigado pelo Seu Espírito, preencha-nos com Seu amor e poder, nos transforme à própria imagem de Cristo, dia após dia e hora após hora.*

O próprio Deus derrama a unção divina sobre todos os que têm o maravilhoso privilégio de se tornarem Seus filhos (2Coríntios 1:21-23 e Lucas 24:48-49).[6]

# O INÍCIO DA IGREJA

T.B. Joshua caminhando em 1989

Conforme mostra o documentário em vídeo *This Is My Story (Esta é Minha História)*, naqueles primeiros anos, o meio de locomoção de T.B. Joshua era caminhar a pé por toda parte. Aonde quer que ele fosse, as crianças o seguiam. Essas crianças e suas mães seriam alguns dos primeiros membros da igreja.

Em 1989, ele lançou a fundação da primeira igreja Sinagoga localizada em Agodo-Egbe, Lagos, Nigéria. Ele caminhava alegremente entre os primeiros membros e ia fazendo com que a fé deles aumentasse na Palavra de

---

[6] *Como Deus fez o chamado a TB Joshua*, Blog Distância não é uma barreira, página estática

Deus. Esta é uma transcrição daquele breve sermão ao vivo:

"Aleluia!" Podem se sentar. Amém! Na verdade, eu não sei por onde começar. Amém! Minha vinda em seu meio é apenas para lançar um fundamento. Estou aqui para lançar uma base, para que hoje possamos começar as atividades da Sinagoga aqui! A Sinagoga começou aqui! Eu vim para lançar um bom fundamento para a igreja. Você deve saber que este homem sempre diz coisas em provérbios.

Todas as pessoas mais velhas aqui presentes têm ouvido desde jovens que Jesus está voltando. Temos esperado a Sua volta até agora e ainda estamos nos preparando para isso. A razão de Jesus

*A Primeira Igreja em 1989*

não ter vindo é porque Ele quer que você e eu nos arrependamos de nossos pecados, pois Ele não quer que ninguém pereça. Você já se arrependeu? A razão pela qual a vinda de Jesus está atrasada é porque Deus quer que você se arrependa. Arrependa-se de seus pecados para não perecer. Quando Jesus vier, você não perecerá; você herdará o Reino de Deus. Desde a sua infância, você aprendeu que Jesus virá como um ladrão à noite. Estamos esperando a vinda de Jesus. A razão pela qual a vinda de Jesus foi adiada é por causa de você e de mim. Jesus quer que você se arrependa; Ele não quer que você pereça. Quando Jesus vier, Ele poderá levá-lo para a vida eterna. Se Jesus vier sem que você se arrependa, a vinda de Jesus não terá sentido para sua vida. Para que a vinda de Jesus tenha sentido para sua vida, você precisa se arrepender. Você precisa se arrepender hoje e aceitar Jesus. Assim, quando Jesus voltar, você poderá se unir a Ele no Reino de Deus.

Então, eu e minha casa — e eu acredito que você faz parte da minha casa — serviremos ao Senhor. Aplausos para Jesus! Aleluia!"[7]

Não demorou muito para que o número de membros aumentasse e exigisse a construção de um novo edifício para a igreja, a segunda igreja, que ficava no mesmo local. Entretanto, essa estrutura simples

---

[7] *Esta é minha História: Documentário sobre T.B. Joshua,* Ministérios de T.B. Joshua, postagem do Facebook de 2 de novembro de 2017

# VIDA APÓS VIDA

*A Segunda Igreja, destruída por uma tempestade*

foi destruída durante uma violenta tempestade.

Depois que o segundo prédio da igreja foi destruído, outro prédio foi construído, desta vez com vigas de madeira. O primeiro culto foi realizado no novo prédio da Sinagoga, Igreja de Todas as Nações em 1992.

O terceiro edifício da igreja também sofreu graves danos devido às inundações. Por causa disso e do número crescente de adoradores que frequentavam a igreja, o Espírito Santo instruiu T.B. Joshua a se mudar para um novo local a cerca de três quilômetros de distância.

*A Terceira Igreja em 1992*

Assim, em 1994, a igreja se mudou para Ikotun-Egbe, sua localização atual. Esse foi o quarto edifício da Sinagoga, Igreja de Todas as Nações, o primeiro edifício da igreja no novo local. Foi para este edifício ampliado que viemos quando visitamos a igreja pela primeira vez em 2001.

*A Quarta Igreja em 1994*

O local das três primeiras igrejas é agora o local do Faith Resort Ground (Campo da Fé) da SCOAN, também conhecido como "Prayer Mountain (Monte de Oração)".

## FALSA PRISÃO

No período entre 1994 e 2001, o impacto que a igreja estava causando na sociedade aumentou significativamente e, na mesma proporção, começou a sofrer perseguição. Em 1996, T.B. Joshua foi até mesmo acusado falsamente de tráfico de drogas e passou 13 dias na prisão. Aqui está a notícia de uma confissão feita, três anos depois na igreja, por um dos policiais que o prenderam em 1996 sob a acusação de tráfico de drogas:

> Yusuf Hassan, que é do estado de Adamawa, disse que trabalhava para a Agência Nacional de Repressão ao Narcotráfico quando um informante avisou que Joshua estava traficando drogas dentro das instalações de sua igreja.
>
> Entrando tempestuosamente na Sinagoga, Igreja de Todas as Nações, em Lagos, com 18 oficiais "armados" e seis soldados, Yusuf contou como o clérigo foi preso e, posteriormente, mantido na prisão por 13 dias.
>
> "No caminho para a delegacia, nós lhe dissemos que se ele era mesmo um homem de Deus, que desaparecesse", Hassan recordou, descrevendo como todos os agentes insultaram o clérigo a caminho da prisão.
>
> "Nossos policiais destruíram muitas coisas enquanto procuravam drogas, mas não conseguimos encontrar nada. No 13º dia, ele foi liberto porque nada que o incriminasse foi encontrado sobre ele ou com ele", continuou Yusuf.
>
> No entanto, depois que a inocência de Joshua foi confirmada, Hassan revelou que a calamidade se abateu sobre todos os envolvidos na operação.
>
> "Dentre os policiais que vieram prender T.B. Joshua, três deles não estão mais vivos. Todos os 18 oficiais, exceto eu, foram demitidos", revelou.
>
> O próprio Yusuf disse que estava "suspenso" depois que um processo judicial o levou à prisão por dez meses.
>
> "Quero que Deus me libere da parte que desempenhei nesta prisão", concluiu.[8]

*Levado à prisão devido à falsa acusação em 1996*

Imagine os rumores e as fofocas que se espalharam devido a este incidente — um profeta detido em uma cela, acusado de traficar drogas e esconder armas. No entanto, seus inimigos descobriram que nem mesmo sua detenção e as falsas acusações abalaram a fé dele em Deus.

---

8  *Voltando no tempo, vemos como o oficial da NDLEA narra a prisão de T.B. Joshua por "tráfico de drogas"*, The Eagle Online, 23 de setembro de 2019

Assim que foi solto, ele foi à igreja e encorajou a congregação:

> "Se você se questionar dizendo: 'Por que estou com todos esses problemas, passando por perseguições, tribulações e todo tipo de coisas?', quero que se lembre do passado e se pergunte: 'Por que recebi todas essas bênçãos espirituais em minha vida?'"[9]

A marca distintiva de um cristão é que as dificuldades, os desafios, as pressões e as perseguições o levam para mais perto de Deus, e não para mais longe.

## Nasce a Emmanuel TV!

Em março de 2006, aconteceu um importante evento que mudaria a vida de muitas pessoas para melhor: nasceu a Emmanuel TV. No entanto, o surgimento de um meio de comunicação tão poderoso ocorreu de forma incomum.

"Senhor", os evangelistas lotaram o minúsculo gabinete, "Nosso presidente está proibindo que sejam exibidos milagres em nossa TV aqui na Nigéria, tanto nas estações locais quanto na emissora nacional. Disseram que, de agora em diante, nossos programas deverão mostrar apenas a pregação. Parece perseguição, Homem de Deus; muitas pessoas têm assistido à nossa programação nas estações locais e agradecido a Deus pelo que está acontecendo".

O próprio T.B. Joshua explicou o que aconteceu em seguida:

> "Tirei meu programa de todas as estações". Fui ao Prayer Mountain (Monte da Oração) e Deus disse: "Sei o que está acontecendo; quero que você se descubra". Deus me pediu para abrir um canal de TV e disse: "Emmanuel TV". Por minha conta, mudei o nome da TV para "SCOAN TV". A nuvem escureceu e Deus disse: "Quando você acordar, mude o nome para Emmanuel TV". Fui advertido por Deus. E foi assim que a Emmanuel TV começou.[10]

Naqueles primeiros dias, nós nos lembramos dele declarando publicamente que a Emmanuel TV se tornaria maior do que a Sinagoga, Igreja

---

9 *Esta é minha História: Documentário sobre T.B. Joshua*
10 *Sejam cautelosos quanto ao futuro!* Blog da SCOAN, 31 de maio de 2017

de Todas as Nações. Na época, era difícil de imaginar, mas agora isso é uma realidade. O canal por satélite é um nome familiar e amplamente visto em grande parte da África Subsaariana. Em 2021, a Emmanuel TV havia se tornado o canal cristão geral do YouTube mais assistido no mundo todo.

Ficou evidente que:

> A rejeição do homem ocasiona a direção de Deus.

Um dos frutos da Emmanuel TV tem sido desfazer alguns boatos sobre o que acontece na SCOAN. Pessoas que perseguiam e falavam mal da SCOAN acabaram dando vários testemunhos dizendo que, através da Emmanuel TV, puderam ver a realidade do que está acontecendo lá e que se arrependeram das coisas que falaram e de como agiram no passado.

Um exemplo notável ocorreu no culto de domingo na SCOAN, em 7 de abril de 2013, quando um pastor e sua esposa compartilharam publicamente seu testemunho e confissão. Como um líder proeminente, ele havia pregado anteriormente em reuniões nacionais para jovens dizendo que o T.B. Joshua era o "anticristo da nossa geração". No entanto, em uma irônica reviravolta do destino, o homem contra quem ele fez campanha e caluniou religiosamente acabou sendo usado por Deus para libertar sua família da escravidão espiritual. Isso aconteceu depois que ele começou a assistir à Emmanuel TV em segredo, e o que ele viu foi muito diferente do que ele tinha ouvido falar. Em suas palavras finais de conselho, ele suplicou a seus colegas ministros que descobrissem a verdade antes de se precipitarem a fazer julgamentos.

## Culto ao vivo

Desde 2007, os principais cultos da SCOAN têm sido transmitidos ao vivo pela Emmanuel TV. Esses cultos ao vivo têm sido, para muitos ao redor do mundo, o ponto alto da semana. Em todo o mundo, em diferentes fusos horários, aumenta o entusiasmo: "O que acontecerá no culto ao vivo de hoje? O que Deus fará? Será que o T.B. Joshua participará pessoalmente e, nesse caso, que mensagem de ensino bíblico ele trará? Que testemunho e experiência de vida serão destacados?"

# Vida após vida

Os testemunhos eram como uma janela para a vida e o passado de uma pessoa. Rompimentos de casamento e reconciliação, nada estava "fora dos limites" para que o povo de Deus pudesse aprender e ser alertado pelas experiências das outras pessoas.

Houve casos angustiantes de mulheres mais velhas que temiam ser rotuladas de bruxas, pois poderiam morrer queimadas. Nesses casos, toda a família era convidada para ir à igreja e recebia alojamento e comida grátis, para que todos os membros-chave estivessem envolvidos, dessem a sua opinião e ouvissem a sabedoria do homem de Deus. Em casa, em diferentes partes da Nigéria, outros membros da família se reuniam em torno de uma tela de TV (orando para que não faltasse eletricidade), esperando para ouvir o que T.B. Joshua diria. Esses julgamentos salvavam vidas, reduziam a violência causada pela ignorância e preservavam a dignidade de toda a família.

Normalmente, os cultos ao vivo terminavam com oração em massa. Isso funcionava como um exame de saúde espiritual e definia algo para a semana seguinte.

"Rápido, venham todos aqui para perto!" Membros das famílias no mundo todo ficavam esperando ansiosamente pela oração em massa, a parte do culto ao vivo "Oração para os telespectadores" e as palavras "Telespectadores de todo o mundo toquem na tela". Ao orar pelos telespectadores, T.B. Joshua se dirigia diretamente à câmera e estendia a mão em direção às lentes. Com frequência, a seção de testemunho incluía aqueles que realmente "haviam se conectado pela fé" a essa oração e agora estavam dando glória a Deus pelo que Ele havia feito.

O culto de domingo da SCOAN foi se desenvolvendo rapidamente e se tornando um evento significativo a cada semana, com centenas de visitantes de outras nações. Começaram a surgir hotéis nos arredores de Ikotun Egbe, e a economia local melhorou com os visitantes da igreja circulando nas ruas. À medida que o número de visitantes internacionais da igreja crescia, a equipe foi adquirindo experiência em lidar com diferentes culturas. O desenvolvimento do culto ao vivo e a afluência significativa de visitantes nacionais e internacionais mostraram que, verdadeiramente, a SCOAN estava fazendo jus ao seu nome profético de Sinagoga, a Igreja de Todas as Nações. Em qualquer domingo, pode-se olhar ao redor e ver o grande número de bandeiras de diferentes países.

## Um homem de família

Desde os primeiros dias de nosso envolvimento com T.B. Joshua, sua esposa Evelyn, que o apoiava, estava ao seu lado e era uma pregadora poderosa por mérito próprio. Quando entramos na sala de jantar dos visitantes na SCOAN, podemos ver uma bela foto dela recebendo o prêmio do OFR (Oficial da Ordem da República Federal da Nigéria) do Presidente Yar'Adua em nome de seu marido.

*Sra. Evelyn Joshua com o presidente Yar'Adua*

Em muitos eventos internacionais, adaptando-se graciosamente às expectativas culturais do país anfitrião, no palco, ela recebia flores ou artesanato local como presente. Às vezes, como na Cruzada da Coreia do Sul de 2016, o Profeta T.B. Joshua seria visto flanqueado por toda a sua família em fila para dar as boas-vindas ao Comitê no Hotel Foyer. Suas filhas adultas, conhecidas por se destacarem em várias realizações acadêmicas, eram vistas com frequência acompanhando o pai em visitas de caridade aos idosos e sendo parte integrante das equipes de eventos da Emmanuel TV.

No entanto, talvez nossa memória mais vívida da irmã Evelyn seja ela acompanhando o marido e marchando vigorosamente com suas botas de cano alto ao longo das trilhas lamacentas da floresta tropical do Equador. Com o veículo atolado na lama, eles completaram a pé a jornada para a inauguração da escola construída pela Emmanuel TV após o terremoto de 2016. Tudo registrado pela câmera e, para a glória de Deus, houve a provisão oportuna de um irmão local com um cavalo que ajudou a levar a esposa do homem de Deus e outra evangelista na reta final da cansativa jornada.

O amor pelos animais sempre fez parte da vida de T.B. Joshua, que se conectava com a natureza e com a criação. Pássaros, antílopes e pavões vagam livremente na área do "Prayer Mountain" (Monte de Oração) em Lagos, também conhecido como Faith Resort Ground (Campo da Fé). Os animais já apareceram no estilo de desenho animado em produções da Emmanuel TV, "refletindo seu ensino bíblico favorito".

*T.B. Joshua estudando no Prayer Mountain (Monte de Oração)*

## A Bíblia Sagrada — Uma parte integral da história

A Palavra de Deus tem a capacidade de desenvolver uma força em nosso coração chamada fé.

Fica claro na história da infância e do chamado de T.B. Joshua que a Bíblia sempre foi a parte central de sua vida e de seu ministério. No decorrer dos anos, observamos que sua abordagem da Bíblia era diferente. Ele a lia com avidez, mas não de uma forma "acadêmica". E sua pregação, ele consegue explicar o significado implícito da mensagem da Bíblia de uma maneira simples, embora profunda. Os temas principais que se desenrolam em suas mensagens não refletem uma teologia "sistemática", mas sim uma ênfase nas características que são importantes para o coração de Deus, segundo revelado pela Bíblia.

Em seus sermões, um dos temas comuns é leitura da Bíblia em si, e fica claro que não se trata apenas de lê-la como se fosse um livro ou romance, mas que a atitude do coração do leitor é crucial. Devemos ler a Bíblia como se a nossa vida dependesse dela.

Mais de 250 anos atrás, John Wesley demonstrou uma atitude semelhante ao ler a Bíblia. No prefácio de seus sermões publicados, ele escreve:

"Sou a criatura de um dia, passando pela vida como uma flecha através do ar. Eu sou um espírito vindo de Deus, que para Ele voltará; espírito apenas pairando sobre o grande abismo, até que daqui a uns poucos momentos eu não seja mais visto e entre numa eternidade imutável! Quero saber uma coisa: o caminho para o céu; como desembarcar com segurança naquela praia feliz. O próprio Deus condescendeu em ensinar o caminho; para este fim, ele veio do céu. Ele o escreveu em um livro. Oh! Dá-me esse livro! Por qualquer preço, dá-me o livro de Deus! ...E então medito com toda a atenção e sinceridade de que é capaz a minha mente."[11]

Essa atitude é um exemplo claro de dar atenção à Palavra de Deus como se a nossa vida dependesse dela, e realmente depende!

---

Leia a Palavra de Deus como se sua vida dependesse disso:

**Leia** — ela tem o poder de purificar (João 15:3).

**Leia** — ela tem o poder de converter (1Pedro 1:23).

**Leia** — ela tem o poder de persistir para sempre (Salmo 119:89).

**Leia** — ela tem o poder de curar (Salmo 107:20).

**Leia** — ela é o guia para seus pés (Salmo 119:105).

**Leia** — ela é muito útil (2 Timóteo 3:16-17).

**Leia** — ela é sua arma espiritual (Efésios 6:17).

**Leia** — ela afasta você do erro e do pecado (Salmo 119:11).

**Leia** — ela é o caminho para a vida (Provérbios 6:23).

**Leia** — ela alegra o coração (Salmo 19:8).

**Leia** — somos instruídos a lê-la (Josué 1:8).

*(T.B. Joshua)*

---

11 Wesley, J. (1746). *Sermons on Several Occasions; Volume I.* (Sermões em várias ocasiões, Volume I). W. Strahan. Prefácio

# Quem é como o meu Jesus?

"Jesus", ela continua orando. "Esta é minha última chance, meu último recurso; por favor, use o homem de Deus para me ajudar, por favor, permita que meu bebê nasça saudável."

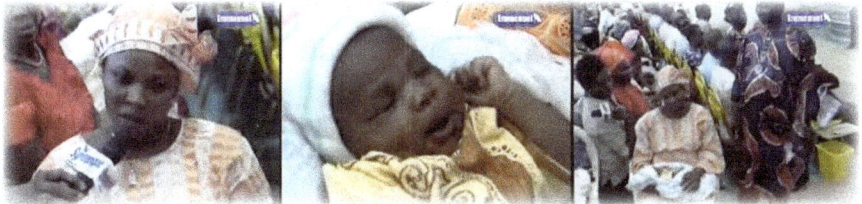

Usando um vestido laranja e um lenço de cabeça combinando, ela veio para a SCOAN no início da manhã com o transporte local e esperou junto à multidão, que aumentava cada vez mais, para ser vista pelos evangelistas. Após relatar sua situação, para seu alívio, ela foi colocada na fila de oração, sentindo seu estômago inchado e percebendo que o bebê não estava chutando. O que será que estava acontecendo em seu útero?

A sombra crescente do medo e da decepção tentou dominar seus pensamentos com dúvidas como: "Você não é a única mulher grávida aqui hoje. Veja quantas pessoas estão esperando por oração. Por que você receberia ajuda?"

Resolutamente, ela enxugou a transpiração do rosto com um lenço e continuou orando. "Senhor Jesus Cristo, que a Sua misericórdia e favor falem comigo hoje; Tu és o Curador, Tu és o Criador do bebê que está em meu ventre. Suplico que Tu uses o homem de Deus para me socorrer hoje!"

De repente, a espera acabou. Ao longe, no final do corredor, onde por tantos anos ocorre a fila de oração, ela pôde ver a ação. A equipe estava se movendo, as câmeras estavam lá e ela forçou os olhos para enxergar. Seria ele? "Sim", disse a pessoa ao seu lado, "É o T.B. Joshua".

Enquanto ele avançava na fila, estendendo a mão para orar e profetizar, a equipe vinha na frente e pedia para as pessoas que estavam esperando ficassem de pé enquanto eles ficavam atrás das cadeiras.

Ele apareceu vestindo uma roupa bege, estilo local, e ao fixar os olhos nela, deu uma ordem. Ela jamais esqueceria aquele som pelo resto de sua vida. A ordem foi dada para seu bebê em nome de Jesus Cristo.

Na mesma hora, ela sentiu a água fluindo; ela estava entrando em trabalho de parto e começou a tirar a saia instintivamente.

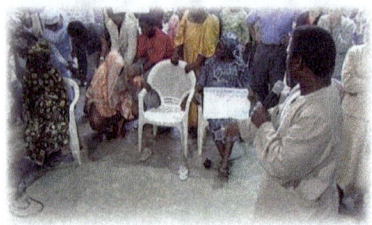
*Um bebê nasce na fila de oração logo após a oração*

O homem de Deus disse: "Não, não, não! Cubram-na!" e, novamente, o som da autoridade. Imediatamente sua passagem se abriu, seu útero se abriu, tudo se abriu, e no chão caiu sua filhinha com a placenta vindo em seguida. Depois disso, os acontecimentos se tornaram apenas um borrão quando as obreiras experientes a levaram ao banheiro e, ao verificarem se a placenta havia saído completamente, cortaram o cordão umbilical, envolveram seu bebê milagroso em um pano limpo e a levaram para descansar.

Estávamos entre o grupo de visitantes que testemunhou com os próprios olhos aquele milagre incrível. No dia seguinte, os visitantes viram o bebê lindo e saudável e ouviram toda a história de como antes ela estava doente e o bebê não se mexia mais em seu útero. Ficamos maravilhados e agradecemos a Jesus.

A menina se desenvolveu e cresceu com saúde. Dez anos depois, ela seria vista retornando à SCOAN para dar um testemunho de acompanhamento e relatar seu excelente progresso escolar.

## Igreja de Todas as Nações

O Espírito Santo instruiu T.B. Joshua a se mudar para Lagos (a antiga capital colonial da Nigéria) e o designou para a obra do Senhor. Ele foi orientado a começar seu ministério e chamá-lo de The Synagogue, Church Of All Nations (Sinagoga, Igreja de Todas as Nações). Para contextualizar isso, Ikotun Egbe fica em uma área subdesenvolvida nos arredores da vasta megalópole, onde quase todos são nigerianos. A promessa de uma igreja para todas as nações naquela vizinhança parecia quase impossível, algo parecido com a promessa feita a Abraão que dizia que ele seria o pai de muitas nações, sendo que sua esposa já estava com 90 anos e não tinha sequer um filho (Gênesis 17). Além disso, o início da Sinagoga, que aconteceu sob uma árvore com algumas mulheres e crianças, foi algo muito desfavorável. Mas teve que ser assim. T.B. Joshua dizia com frequência:

> Tudo grande começa pequeno; se algo já começa grande é preocupante.

E, além disso,

> Quando uma visão vem de Deus, há um forte desejo de fazer acontecer. Mesmo se você não puder ver como, você conseguirá concretizá-la. Não importam os obstáculos que surjam em seu caminho rumo a seu destino, você sempre encontrará maneiras de construir pontes que fechem a lacuna do ponto onde você está agora até o seu destino. (Veja Filipenses 3:13)

Mesmo antes de qualquer visitante estrangeiro vir a Ikotun Egbe, todos os membros da igreja conheciam a visão de que um dia a igreja seria global e receberia visitantes de todas as partes do mundo. Mais tarde, encontraríamos alguém que tinha vindo estudar no Reino Unido, que ouvira isso com frequência nos primeiros dias da igreja e se perguntava como isso poderia acontecer. Mas ela também estava na igreja no primeiro dia em que um visitante estrangeiro apareceu, uma pastora branca da África do Sul que tinha ouvido falar sobre os milagres, e ela sabia que Deus era fiel para cumprir Suas promessas.

## Visitas dos primeiros grupos

Na década de 1990, os crentes fervorosos em Jesus (principalmente do Ocidente e de convicção protestante) estavam prontos para viajar pelo mundo em busca de avivamento, ou seja, evidências do poder de Deus em ação. Os cristãos, primeiro na África do Sul e depois na Europa, nos Estados Unidos e na Ásia começaram a ouvir falar desse homem da Nigéria. Ele levava uma vida simples em uma cabana de oração, um homem íntegro que Deus estava usando. As pessoas ficavam impressionadas com o que ouviam sobre esse humilde homem de Deus que passava muito tempo em oração. Segundo as evidências, parecia que Deus o estava usando poderosamente com sinais e maravilhas.

O poder de Deus era óbvio e evidente, e não precisamos todos de poder? Sim, de fato, mas aqueles que visitaram a SCOAN rapidamente constataram que se tratava mais de justiça, de buscar primeiro o Reino de Deus.

Por volta de 1999, os visitantes estrangeiros começaram a chegar. Os doentes eram curados, os oprimidos eram libertos e havia muitos testemunhos! Após nossa primeira visita em 2001, começamos a levar amigos para visitar essa igreja incrível. As visitas em grupo se desenvolveram rapidamente, principalmente pelo boca a boca, trazendo outras pessoas que nós nem conhecíamos.

Nessa época, havia muitas pessoas diferentes facilitando as visitas em grupo à SCOAN. Os visitantes ficavam maravilhados com o que Deus estava fazendo, mas também tentavam encaixar isso em um "pacote de avivamento". Mas isso era diferente — um homem justo, um profeta de proporções bíblicas, um José moderno. Os milagres e as demonstrações de autoridade sobre os espíritos malignos, alguns em particular eram surpreendentes de se ver. Isso causava

A Sinagoga não gira em torno da Sinagoga, mas sim de um novo nível de devoção a Jesus Cristo

reações; algumas de admiração, outras de ceticismo.

Alguns dos que se maravilhavam tentavam copiar o exterior do que viam — o estilo de oração, etc. Outros se interessavam pela Sinagoga como um modelo potencial para a maneira de "fazer igreja". Mas com isso a essência se perdia. Como costumávamos dizer às pessoas antes de sua visita: "A Sinagoga não gira em torno da Sinagoga, mas sim de um novo nível de devoção a Jesus Cristo".

> *"Depois da minha visita à SCOAN, passei a sentir a presença do Espírito Santo me guiando constantemente e o amor de Jesus Cristo."*
> **Animesh, EUA**

Muitos visitantes vinham com uma lista de pedidos de oração, mas o Espírito Santo curava, libertava e abençoava como Ele desejava! Como disse Thomas à Kempis, um teólogo alemão do século XV, em seu livro clássico Imitação de Cristo, "Homo proponit, sed Deus disponit", ou, "O homem propõe, mas Deus dispõe".

T.B. Joshua explicou algumas das limitações ao se fazer uma lista de pedidos de oração:

"As pessoas pensam hoje que curas, milagres, dons de profecia e todas as bênçãos de Deus são realizados segundo a vontade da pessoa em questão. É por isso que quando você encontra um profeta, você pede oração, sem se importar se é a hora certa ou não. Não estamos acostumados com um profeta."

## Experiência da visita

O vasto país da Nigéria não costuma ser um destino de turistas estrangeiros. A maioria das pessoas apenas viaja para lá para fazer negócios ou, por causa da diáspora, para ver a família. Muitas vezes, era difícil obter vistos, mesmo com um convite formal da igreja, um pré-requisito para a visita.

Os visitantes eram tratados como convidados individuais do T.B. Joshua e, nos primeiros dias da igreja, não lhes eram cobrados os custos com despesas. Conforme o número de visitantes foi aumentando, a acomodação passou a ser cobrada, incluindo alimentação e transporte.

Um visitante sul-africano disse que estar na SCOAN era como estar em "um pequeno pedaço do céu na Terra". Por quê? Por causa do cumprimento da Oração do Pai Nosso: "Venha o Teu reino, seja feita a Tua vontade, assim na Terra como no céu". É um lugar na Terra onde a vontade de Deus é feita e o Reino de Deus avança.

Uma incrível sensação de virtude e santidade era experimentada ao se visitar a SCOAN. Lá, o desejo de ler a Bíblia aumentava e a pessoa ficava mais consciente de seu pecado e da necessidade de mudar. Deus era real

e Sua presença podia ser sentida. Alguns visitantes da Europa Oriental também afirmaram ter visto anjos na igreja e no Prayer Mountain (Monte de Oração). Às vezes, havia fenômenos incomuns nas fotos que eles tiravam, como esta aqui tirada em 2006 na entrada da igreja.

O motivo principal da visita era buscar a Deus para a "salvação da alma", aproximar-se Dele e crescer em santidade. A ênfase era inteiramente na vida espiritual e na caminhada pessoal com Jesus Cristo, cujo nome é tido na mais alta honra na SCOAN. Nós nos sentíamos muito revigorados com isso.

Em nossos grupos, sempre dizíamos aos visitantes em potencial que uma semana na SCOAN era mais semelhante a um retiro em um mosteiro do que uma típica conferência cristã, com seu programa pré-planejado de sessões de ensino e ministração. A qualquer hora, os visitantes podiam ser chamados para orar, para ouvir uma palestra ou até mesmo para ir ao Prayer Mountain (Monte de Oração) à noite.

A sala de jantar dos visitantes servia como uma "sala de estar para todos". No intervalo entre as refeições, normalmente, os visitantes eram

*Fiona no Monte de Oração em 2005*

incentivados a pegar suas Bíblias e cadernos e assistir a uma seleção de vídeos de ensinamentos bíblicos, de milagres e de libertação. Conforme a Emmanuel TV foi se desenvolvendo, sua programação ficou no lugar dessas fitas VHS. O santuário da igreja ficava aberto 24 horas por dia, 7 dias por semana para orações particulares, e muitos visitantes optavam por passar algum tempo lá, todos os dias, para fazer o devocional. Também havia visitas ao Prayer Mountain (Monte de Oração), ensino ao vivo e, às vezes, sessões de perguntas e respostas com o T.B. Joshua.

Certa vez, ele estava conversando com os visitantes e perguntou a eles: "Vocês querem saber o número de telefone direto de Jesus, aquele para ligar e obter uma resposta, não apenas gritar palavras ao vento?" Todos nós ouvimos, tentando entender, e ele explicou de forma muito simples: o número do telefone da linha direta Dele é "crer". Ou seja, quando falamos com Deus, precisamos acreditar que Ele nos ouve e que responderá do jeito e no tempo Dele. Não estamos apenas lançando palavrar ao vento.

Para a maioria dos visitantes, os grandes destaques eram os cultos de domingo e, nos primeiros dias, os cultos de quarta-feira também. Com frequência, também éramos convidados para assistir às reuniões de recém-chegados às segundas-feiras. Os cultos costumavam durar o dia todo e, em alguns casos, também se estendiam noite adentro. Todos os cultos continuaram mesmo em meio ao grande projeto de reconstrução da nova "catedral" em 2003.

*Construção do edifício da nova igreja em 2003*

Muitos vinham a nós como líderes de grupo e diziam: "Eu quero que o T.B. Joshua fale comigo no culto; quero discutir meu problema com ele". Tínhamos sempre a resposta: "Você precisa ir ao topo da hierarquia, falar com o General dele, o chefe dele: Jesus Cristo! Ele é quem instrui T.B. Joshua, que é simplesmente um servo".

Antes do culto em que receberiam as orações, os visitantes eram entrevistados e seus diagnósticos físicos eram exibidos com ousadia em cartazes. Para muitos, essa era uma nova abordagem, mas o objetivo era envergonhar Satanás, o "maligno".

Depois de receber a oração, algumas pessoas sentiam vontade de vomitar ou tossir e cuspir o excesso de saliva, catarro ou até mesmo sangue. Esse era um fenômeno novo para muitos visitantes; porém, mais tarde, descobriríamos que isso não se limitava a nenhuma cultura específica; isso ocorreria em outros países onde T.B. Joshua ou seus evangelistas viajassem para orar. Essa reação sempre indicava uma forma de libertação de espíritos malignos e era acompanhada por alívio da dor ou outro tipo de cura.

Uma equipe de limpeza equipada com luvas, esfregões, desinfetantes, baldes e areia limpa ficavam de prontidão com a firme expectativa de que o poder de Deus se manifestaria dessa forma; posteriormente, passaram a ser disponibilizadas bandejas higienizadas nos eventos. Na SCOAN, mulheres fortes de meia-idade costumavam assumir essa tarefa, lindamente adornadas com seus turbantes locais coloridos e engomados.

Por motivos de segurança, era recomendado à pessoa que vomitava que se ajoelhasse, em vez de se deitar de costas. Era feita uma atenta observação e, quando tudo estava concluído, a pessoa recebia lenços de papel para limpar a boca, e um braço reconfortante a ajudava a se sentar na cadeira.

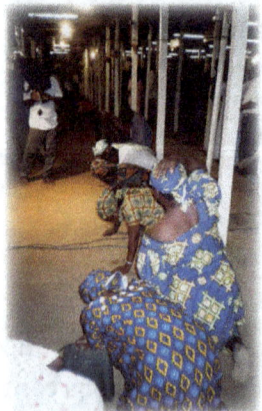

*Vomitando substâncias venenosas*

Durante os cultos, a autoridade sobre os espíritos malignos era igual àquela que lemos no livro de Atos. Houve uma época em que os "ogbanjes" (pessoas endemoniadas) eram espiritualmente "presas" pela oração. Sem qualquer intervenção humana, suas pernas se fechavam em uma posição cruzada e essas pessoas recebiam ensino bíblico, comida e abrigo por alguns dias, geralmente até o próximo culto. Nesse ponto, elas eram alinhadas ao lado do altar da SCOAN, faziam sua confissão e, então, eram libertas e enviadas para casa com a recomendação de passarem a viver para Jesus.

A confissão pública que, muitas vezes, incluía vício em pornografia, era parte integrante dos principais casos de libertação; pois era como as pessoas podiam aprender e ser alertadas para não cair na mesma armadilha. Algumas das histórias só poderiam ser descritas como "de arrepiar os cabelos" e, por certo, não eram adequadas para ouvidos sensíveis. Ainda assim, isso era um ensinamento "sem filtro" para muitos que viviam uma vida dentro de uma redoma de vidro.

> *"Antes de minha libertação na SCOAN, eu costumava dar muito valor às coisas mundanas, mas agora encontrei um propósito para a vida e além."*
>
> Lerato, Alemanha

Com o decorrer dos anos, os diferentes casos forneceram percepções do mundo espiritual. Havia histórias de vigiar cadáveres por meses, todos os tipos de maneiras pelas quais os espíritos malignos podiam afetar o corpo e a alma humanos e descrições detalhadas de tentações que afastavam as pessoas da vida familiar devido a vício em pornografia, fornicação, violência, adultério ou fraude. À medida que o acesso à Internet se espalhava mais amplamente por todo o vasto continente da África por meio da tecnologia do smartphone, por um período, houve um foco específico na libertação e confissão de "casos da internet".

## Encontro com o homem de Deus

Por mais de 25 anos, T.B. Joshua tentou ver, individualmente, cada visitante —velho e jovem, rico e pobre, com ou sem instrução, crente e incrédulo, cristãos, aqueles de outras religiões ou sem qualquer tipo de fé. Esse encontro era algo pelo qual todo visitante estrangeiro esperava ansiosamente. Para a equipe da SCOAN era uma maratona fazer com que cada visitante visse o homem de Deus e, ainda assim, conseguisse levá-los a tempo até o aeroporto. Foi uma missão sagrada que a equipe de evangelistas realizou com excelência.

Com o coração batendo forte, a pessoa ficava aguardando sua vez nas cadeiras do lado de fora do pequeno gabinete. Quando a pessoa entrava, ela poderia conhecer o "Sr. T.B. Joshua" ou o "Profeta T.B. Joshua", isso parecia depender de como a pessoa tinha usado o tempo na SCOAN e de sua abertura para Deus. Alguns conheceram apenas o "Sr. T.B. Joshua" e receberam uma saudação de boas-vindas, um aperto de mão e uma sacola de presentes, por exemplo, contendo vídeos, notas de sermões, camisetas ou adesivos ungidos. Outros conheceram um profeta, um verdadeiro crente de cujo ventre fluía a Água Viva, o Espírito Santo, para suprir suas necessidades por meio de profecia e oração ungidas. Mas, externamente, tudo parecia o mesmo.

> *"Quando você está perto do homem de Deus, você sente o temor de Deus, uma atmosfera trêmula e de reverência. E isso, definitivamente, leva você a um deleite mais profundo e ao santo temor de Deus."*
> 
> **Julia, Ucrânia**

Agora, certos de que o cristianismo não era uma religião, mas sim um relacionamento com Jesus, e de que os Atos dos Apóstolos ainda aconteciam hoje, e com nosso coração cheio da alegria de Deus, recebemos uma calorosa despedida da equipe e entramos no ônibus que nos levaria até o aeroporto.

Este foi o caso de um certo homem britânico idoso.

Um amigo pastor estava preocupado com seu pai, que era um incrédulo convicto. Ele levou seu pai, que tinha catarata severa, em uma das visitas que fez à SCOAN. O que aconteceu foi maravilhoso! Aquele homem de quase 80 anos foi bem cuidado, mas não foi colocado na fila de oração. No gabinete, o Profeta T.B. Joshua deu àquele senhor idoso uma palavra pessoal de conhecimento, algo que ninguém sabia, nem mesmo seu filho que estava ao lado dele ali naquele momento. No dia seguinte, no avião para casa, o pai chorou e confessou ao filho, que o conduziu em uma oração de compromisso com Jesus Cristo. Daquele dia em diante, o pai se tornou uma pessoa diferente e passou a querer aprender as Escrituras. Não muito tempo depois, ele faleceu, e Fiona compareceu ao funeral que tinha uma atmosfera de alegria, e lá, o pastor disse, com alegria, que acreditava que agora seu pai estava no céu.

Nossa fé é mais preciosa do que o ouro. O Deus que nós servimos está além das provações e das alegrias desta vida; somente a fé agrada a Deus.

## FÉ EM AÇÃO

Em uma sessão de ensino para visitantes, T.B. Joshua nos encorajou, com um sorriso paternal: "Você está procurando cura, mas se for ao mercado, entende que não pode comprar uma peça de roupa de R$ 200,00 com apenas R$ 50,00. Da mesma forma, sua capacidade de acreditar precisa aumentar para você obter o que está pedindo. A fé é uma moeda celestial que compra coisas celestiais. A quantidade de fé que você tem é a quantidade de recursos celestiais que você recebe." Essa foi uma mensagem direta que todos nós conseguimos entender. Portanto, a pergunta era: "Como podemos aumentar nossa capacidade de crer?" A resposta veio rapidamente:

> Sua capacidade de acreditar pode aumentar ou diminuir dependendo do quanto você alimenta sua alma com a Palavra de Deus, a Bíblia Sagrada.

Também aprendemos que a fé deve ser testada para ela se estabelecer em nosso coração e crescer.

Houve ocasiões em que a fé de uma pessoa foi testada intensamente, da mesma forma que a mãe da filha endemoniada, que tanto Jesus quanto seus discípulos notoriamente ignoraram.

*"A viagem para a SCOAN mudou minha vida. Fui liberta do espírito de medo. Agora aprendi a pensar de uma nova maneira, e minha vida espiritual cresceu."*
**Veronika, Estônia**

*"Uma mulher cananeia, natural dali, veio a ele, gritando: 'Senhor, Filho de Davi, tem misericórdia de mim! Minha filha está endemoninhada e está sofrendo muito'. Mas Jesus não lhe respondeu palavra. Então seus discípulos se aproximaram dele e pediram: 'Manda-a embora, pois vem gritando atrás de nós'".* (Mateo 15:22–23)

Jesus estava testando a fé dela. No final, o elogio que Jesus fez a essa mulher é uma mensagem e um incentivo para todos.

*"Mulher, grande é a sua fé!"* (Mateus 15:28, NVI)

Essa ocasião é memorável de muitas maneiras, e vimos isso ecoar em T.B. Joshua quando ele elogiou publicamente as pessoas humildes do vilarejo por sua crença firme no poder redentor de Jesus.

Alguns visitantes entravam na SCOAN, respiravam fundo e, em seu coração, sabiam que haviam chegado à arena da libertação. O tipo de fé recebida de Deus. Se a pessoa foi colocada ou não em qualquer fila de oração, se ela ficou hospedada na igreja ou em um hotel próximo, se alguém impôs as mãos sobre ela em oração ou não, não importava muito. Se seus entes queridos estavam presentes com ela ou se ela apenas trouxera suas fotos; isso não era uma questão importante.

*Um culto de domingo na SCOAN em 2009*

Ela tinha a moeda celestial da fé em Jesus Cristo, nosso mediador e advogado. Essas pessoas costumavam dar testemunho na semana seguinte, deixando claro que não há métodos ou passos mágicos a serem seguidos.

Da mesma forma, uma pessoa poderia fazer parte de um grupo, ser colocada para receber oração na fila de oração e receber a bênção de Deus, mas perdê-la rapidamente ao voltar para casa. Temos um papel essencial a desempenhar para manter nossa bênção!

Tudo grande começa pequeno; nossa confiança em Deus como o Curador precisa ser exercitada nos pequenos desafios da vida diária. Todo maratonista sabe que simplesmente não é possível correr uma maratona quando não se consegue correr 5 km.

Às vezes, pedia-se que os visitantes trouxessem uma foto de seu parente doente e o representassem. Aqueles que aceitavam isso com fé consideravam a visita como um momento para se achegar a Deus e colocar seus entes queridos em Suas poderosas mãos. O Profeta T.B. Joshua pode muito bem receber de Deus uma profecia pessoal ou Palavra de conhecimento para a pessoa ali representada. Deus responde à nossa fé, e não ao nosso desespero.

Outros visitantes aprenderam tendo que esperar e que, de fato, "o tempo de Deus é o melhor". Nós nos lembramos bem de uma senhora russa, que não recebeu a confirmação de seu pedido para visitar a SCOAN e ficou se questionando o porquê disso. Vários meses se passaram e ela, felizmente, conseguiu fazer parte de uma outra visita em grupo e recebeu oração por ela e por sua família no culto de domingo. No dia seguinte, nós a encontramos na mesa do café, correndo para cima e para baixo para encontrar o tradutor.

> *"Quando fui para a SCOAN, eu era uma pessoa religiosa, mas voltei para casa uma nova pessoa, uma nova criatura em Cristo."*
> **Aushrine, Lituânia**

O que havia acontecido? Sem fôlego, ela explicou: "Deus respondeu às minhas orações! Eu recebi um telefonema; o marido da minha filha está na prisão. Hoje ele foi informado de que sua pena de prisão foi reduzida para nove meses, e ele está sendo liberto!" Ela ergueu os braços aos céus e disse em russo: "Спасибо тебе, Иисус!" (Obrigada, Jesus!). Na verdade, os caminhos de Deus não são os nossos. Ele cura e abençoa segundo Sua vontade.

## Testemunhos para gerações futuras

Durante o ministério terreno de Jesus, os milagres levaram as pessoas a ouvir a mensagem de salvação. T.B. Joshua sempre dizia:

> Um milagre não é um fim em si mesmo, mas um meio para um fim —que é a salvação de sua alma.

Uma das instruções do Espírito Santo para ele desde o início de seu ministério foi "fazer registro". Por exemplo, seu documentário My Story (Minha História), é, portanto, respaldado por provas visuais desde os primeiros estágios de seu ministério.

Temos na Bíblia o registro de alguns dos milagres realizados durante o ministério terreno de Jesus Cristo. Lemos como um homem que esperava junto ao tanque de Betesda permaneceu inválido por 38 anos; uma mulher que tocou a bainha das vestes de Jesus tinha hemorragia há 12 anos, tendo gastado todo o seu dinheiro tentando encontrar uma cura. Para que esses fatos tenham sido registrados, alguém deve ter entrevistado as pessoas que foram curadas.

*"Na verdade, Jesus fez diante dos discípulos muitos outros sinais que não estão escritos neste livro. Estes, porém, foram registrados para que creiais que Jesus é o Cristo, o Filho de Deus, e para que, crendo, tenhais vida em seu nome."* (João 20:30–31)

O propósito do registro nos Evangelhos é claro. É fazer com que o leitor alcance uma posição de fé salvadora em Jesus Cristo.

A paixão fervorosa de T.B. Joshua em ver Jesus glorificado e as pessoas salvas foi a mola propulsora de todo o ministério de vídeo da SCOAN e da Emmanuel TV.

Uma gravação em vídeo sempre era feita antes, durante e depois da oração. Os visitantes recebiam cópias

*Primeiros vídeos em VHS da SCOAN*

dos testemunhos em vídeo para levar para casa e usar conforme o Espírito Santo os orientasse. A famosa fita em VHS "Divine Miracles Part 5" (Milagres Divinos - Parte 5), que inclui a cura do câncer nas nádegas de um homem, chegou a muitos países.

Um dos primeiros incentivos que recebemos foi tentar levar os vídeos de milagres a um público muito mais amplo. Mostramos aos nossos amigos, mas a visão maior para alcançar o público, como reunir as pessoas em um cinema ou clube para assistir a essas poderosas libertações, parecia ser algo bem desafiador. Como isso aconteceria no Reino Unido? O Profeta T.B. Joshua, um homem que olhava além, será que ele estava vislumbrando o futuro quando a Emmanuel TV faria muito sucesso no YouTube e as pessoas assistiriam aos clipes no mundo todo (estilo cinema) em suas salas de estar? Naquela época, em 2001 e 2002, nem se pensava em compartilhamento de vídeo online.

# Quem é como o meu Jesus

Como em outras áreas da vida, há a parte que cabe a Deus e a parte que cabe a nós. Deus opera o milagre, mas há uma parte do trabalho que precisa ser feita por nós que é registrarmos o testemunho do milagre de uma forma que ele seja claramente comunicado. É por isso que, geralmente, as pessoas que vêm para orar na SCOAN são entrevistadas durante o período de inscrição e a equipe pede que elas forneçam um relatório médico oficial se o seu problema for de saúde. Esse período de entrevista também é uma oportunidade para aconselhar os que buscam uma cura e, em alguns casos, o aconselhamento é para que tomem mais medidas para edificar sua fé em Jesus Cristo primeiro.

> *"Percebo Jesus mudando nosso caráter, nossos hábitos e nossa mentalidade a cada visita que fazemos à SCOAN."*
> **Rytis, Lituânia**

Então, durante a oração em si, a equipe de filmagem desempenha uma parte crucial para o ministério. Afinal, apenas um punhado de pessoas pode ver claramente a oração feita em sua frente; outras milhares podem vê-la em telas posicionadas ao redor da igreja; potencialmente outras milhões poderão vê-la por meio de transmissões ao vivo e clipes gravados. Portanto, para a glória de Deus, é importante que as câmeras tenham uma visão clara.

Os membros incansáveis da equipe ministerial permanecem por muito tempo, após o término dos cultos, entrevistando aqueles que têm um testemunho imediato ou uma experiência para compartilhar que irá encorajar outras pessoas a terem fé em Cristo.

## Cura divina

A cura divina é o poder sobrenatural de Deus, trazendo saúde ao corpo humano.

A evidência física do sobrenatural que causa mudanças em nosso corpo, a qual chamamos de "Cura divina em nome de Jesus Cristo", não é mágica; não é um poder abstrato. Nós a recebemos pela graça e a mantemos pela fé. Cura divina, libertação e progresso estão disponíveis gratuitamente por meio da cruz de Jesus Cristo.

Como T.B. Joshua ensina regularmente, a cura na Bíblia é uma promessa relacionada ao sacrifício de Jesus na cruz:

> Todo o castigo que Jesus Cristo recebeu antes e durante a Sua crucificação foi para a cura de nosso espírito, de nossa alma e de nosso corpo.
>
> Cristo pagou por sua cura perfeita e completa quando Ele morreu na cruz. (Veja 1Pedro 2:24)
>
> Há apenas uma base para reivindicar cura, bênção, salvação e proteção: por Suas feridas.
>
> Você pode não ter experimentado a cura, mas isso não significa que Ele não a tenha fornecido; por suas feridas, fomos sarados.

Ao longo dos anos, muitos outros homens e mulheres de fé também ensinaram o princípio da cura divina por meio da expiação. Por exemplo, A.B. Simpson (1843-1919), fundador da Christian and Missionary Alliance (Aliança Cristã e Missionária), escreveu:

> A expiação de Jesus Cristo cobre nossas doenças e fornece base sólida para reivindicar, em Seu nome, a cura divina por meio da fé simples, quando estamos andando em santa obediência, que, claro, é o elemento indispensável dentro do qual podemos continuar recebendo qualquer uma das bênçãos do Evangelho.[12]

## Não limite Deus

Jesus providenciou cura, mas T.B. Joshua também ensinava com base na Bíblia que não devemos limitar Deus a certas respostas à oração.

"Ao orar, você não deve limitar Deus a certas respostas; que sua oração seja de agradecimento, não apenas pelo que Ele fez, mas pelo que Ele é capaz de fazer, pois podemos não saber o quanto precisamos Dele. Ele é capaz de fazer mais do que jamais sonharíamos."

Nós, como seres humanos, podemos ser muito exigentes. Podemos

---

12  Simpson, A.B. (Agosto de 1890). *Divine Healing in the Atonement* (Cura Divina na Expiação), Christian and Missionary Alliance Weekly, pp. 122-124

nos sentar em silêncio na igreja, mas estas e outras perguntas podem estar assolando o nosso coração:

- "Tudo depende de Deus; Ele é o único com poder; Ele pode me curar se quiser."
- "Economizei (ou pedi emprestado) e paguei muito dinheiro para vir aqui; por isso, Deus tem que responder à minha oração!"
- "Meu parente próximo está prestes a morrer; Jesus tem que agir na vida dele hoje."
- "Não aguento mais minha situação no trabalho; o homem de Deus tem que falar comigo hoje."
- "Oro a noite toda na vigília; faço meu jejum; clamo o dia todo; por isso, Deus tem que me ouvir."
- "Pago meu dízimo há muitos anos, sou um bom membro da igreja e ajudo a dar aulas na Escola Dominical. Por que todas essas doenças me afligem?"
- "Gastei todo o meu dinheiro, eu me consultei com todos os terapeutas alternativos renomados, Sangomas (fitoterapeutas, curandeiros) de meu país, mas não estou melhor. Será que esse homem de Deus poderá me ajudar?"
- "Eu realmente não acredito em tudo isso, mas ouvi dizer que esse pastor tem algum poder; talvez ele me ajude."

O tema que ecoa em todo o encorajamento feito para quem está sofrendo é que Jesus nunca prometeu que os crentes não passariam por tempos difíceis ou provações, mas que estaria conosco nos apoiando nesses momentos. Como T.B. Joshua sempre explicava:

> Quer Jesus me cure ou não, Ele é o meu Curador; quer Ele me abençoe ou não, Ele é meu Provedor de Bênçãos.
>
> Aprender como ouvir a Deus após a oração é uma bênção muito maior do que aquilo que você está buscando.

Uma vez mais, vemos que o cristianismo não é uma religião, uma fórmula ou uma técnica para o sucesso, mas um relacionamento pessoal com Deus por meio de Jesus Cristo.

Evelin, da Hungria, é o exemplo típico de muitas pessoas que receberam cura divina por meio de oração na SCOAN. A melhora da condição física é uma grande bênção, mas o crescimento no relacionamento com Deus é uma bênção ainda maior:

> Perdi a audição de meu ouvido direito quando ainda era criança. O motivo era desconhecido e apesar dos diferentes tratamentos e da remoção de minhas amígdalas, não houve qualquer melhora. Por fim, os médicos me disseram que os nervos estavam danificados e que não havia solução para o meu problema, que me causava muitos inconvenientes no meu dia a dia. Já adulta, continuei recebendo o mesmo diagnóstico e, fora o uso do aparelho auditivo, que era desconfortável e incômodo, não havia solução.
>
> Depois de mais de trinta anos com essa surdez, apenas um toque do céu por meio do homem de Deus, o profeta TB Joshua (em 2016) pôs fim nesse problema. Minha audição foi recuperada e meu testemunho foi amplamente divulgado, alcançando pessoas em diferentes nações e continentes.
>
> No entanto, o maior milagre não foi minha cura, mas o fato de que recebi uma parte da graça e da unção de um profeta de Deus, que me deu a maior de todas as bênçãos: aprendi a seguir o processo e o tempo de Deus e a orar de acordo com a Sua vontade por meio de Seu Espírito. Não há palavras para expressar minha gratidão; hoje vivo para Jesus.[13]

## DEUS E A MEDICINA

O fato de Jesus ainda curar hoje não nega o nobre trabalho dos médicos em nos diagnosticar e nos tratar quando estamos doentes.

> Se você não pode confiar em Deus com remédios, você não pode confiar em Deus sem remédios.

T.B. Joshua ministrou essa mensagem em um culto de domingo ao vivo na Emmanuel TV. Ele repetiu, dizendo: "Anote isto!"

Não é uma situação "ou/ou" — ou você usa remédio em vez de confiar em Deus, ou você confia em Deus em vez de usar remédio. Em vez disso, trata-se de seu relacionamento com Deus. Se não cremos que Jesus está

---

[13] Comunicação em particular

conosco por meio de Sua Palavra, de Seu Espírito, quando estamos fazendo um tratamento médico, podemos achar difícil acreditar nas promessas de Deus de cura sobrenatural que constam da Bíblia Sagrada.

Depois de muitos anos facilitando a visita de muitos grupos estrangeiros à SCOAN, ficou evidente que existem muitas opiniões diferentes sobre cura e libertação. As opiniões das pessoas variam desde aquelas que acreditam que a era dos milagres acabou quando os apóstolos morreram, que agora Deus ajuda apenas por meio das maravilhas da medicina moderna, até outras que consideram cada sintoma e doença como sendo de origem espiritual, um ataque que precisa de libertação somente por meio de oração.

Também existe uma escola de pensamento que acha que tudo pode ser comprado com dinheiro ou exigido em nossos termos, especialmente quando se trata de enfermidades que os médicos não puderam ajudar. No entanto, assim como a santidade da Bíblia não está à venda, a cura também não está à venda nem fica disponível só porque clamamos bem alto. Isso mostra que a pessoa supõe que há em algum lugar esse "poder" armazenado e, se ela suplicar e reivindicar bastante, esse poder será liberado.

Culturas diferentes usam maneiras diferentes para descrever seus problemas. Aqueles que vêm de países com serviços de saúde mais desenvolvidos costumam falar sobre "tendências familiares" para certas doenças, por exemplo, problemas cardíacos e cânceres na família. Pode-se constatar que muitas dessas pessoas correram para Deus como último recurso, quando tudo o mais pareceu ter falhado.

Aqueles de culturas com abordagens diferentes à saúde, onde as pessoas costumavam consultar a igreja ou o fitoterapeuta local (curandeiro), se relacionariam mais com o termo maldição familiar ou ancestral. Na verdade, se forem chamados de tendências familiares ou maldição de família, em todos os continentes, os efeitos na vida das pessoas costumam ser semelhantes.

Algumas pessoas descobrem que têm mais chance de ter complicações decorrentes de sua doença, enquanto outras respondem bem ao tratamento. Algumas famílias são propensas a morrer mais jovens de doenças ou acidentes graves, enquanto outras são poupadas. T.B. Joshua explica que quando a doença se torna uma maldição, somente Jesus pode remover a maldição.

A vida é um campo de batalha. Durante um culto, ele disse a todos: "Vou mostrar a vocês a face do câncer", e falando a palavra de autoridade sobre uma mulher na fila de oração, que era uma paciente com câncer, o rosto dela mudou na hora para um semblante demoníaco maligno.

Em alguns casos, a libertação levava à cura instantânea, ao passo que em outros, os problemas de saúde daquelas pessoas passavam a responder ao tratamento de forma diferente após a oração. Entendemos que não há respostas simples, exceto confiar em Jesus dia após dia durante as tempestades e as vicissitudes da vida.

## Médicos tratam, Deus cura

Desde o início do cristianismo, os cristãos são conhecidos por cuidar dos enfermos.

Há muitos médicos e cirurgiões cristãos que têm em Deus aquele que os inspira a adquirir as habilidades especializadas necessárias para realizar operações cirúrgicas complexas. Há também crentes piedosos cujas pesquisas em medicina levam a grandes descobertas para aliviar o sofrimento. Um bom exemplo é Alexander Fleming, descobridor dos antibióticos, que disse a famosa frase: "A mente despreparada não pode ver a mão estendida da oportunidade" e "A natureza faz penicilina; acabei de descobri-la".

Deus é o Deus da natureza, como T.B. Joshua sempre disse, e os medicamentos atuam no reino da natureza. Assim como um fazendeiro deposita sua fé na natureza, sem uma promessa definida, quando ele planta uma semente e espera que ela cresça sem ficar cavando para verificar se ela está germinando, os crentes em Cristo também devem ter fé no Deus da natureza, principalmente, porque há muitas promessas registradas na Bíblia para quem crê.

T.B. Joshua sempre teve um grande respeito pela profissão médica, mas enfatizava que os servos de Deus e os médicos devem trabalhar juntos. No decorrer dos anos, muitas pessoas pediram ajuda para as suas doenças, e ele as incentivou a fazerem um tratamento médico especializado. Em um certo caso, ele explicou:

> Quando um paciente está diante de mim, eu pergunto a Deus: "O que Tu queres que eu faça, Senhor?" Se Deus diz: "Leve-o a tal lugar" — eu conheço meu limite. Tenho um limite porque não sou Deus; é só Deus que não tem limite. Quando se trata de questões como essa, sou um servo. Eu só posso fazer o que me é dado a fazer; não posso fazer mais do que o que me é dado.
>
> Portanto, esse é um exemplo de trabalho conjunto: servo de Deus e médicos. Quando alguém estiver na sala de cirurgia, o servo de Deus estará em atitude de oração durante toda a operação, para que nem mesmo seja o médico fazendo a operação, Deus só usará as mãos dele para fazer a operação.[14]

"Homem de Deus, por favor, me ajude!" Durante um culto de domingo, um jovem local nigeriano não conteve sua emoção: "Fui ferido fazendo meu trabalho para o banco, e esses ferimentos mudaram minha vida. Não posso mais urinar normalmente, agora tenho que usar um cateter e ainda sou tão jovem…" Sua voz sumiu. T.B. Joshua compreendeu.

Chamando alguns médicos que estavam participando do culto, ele lhes pediu que examinassem o jovem chamado Gift em particular e, então, levou a situação a Deus buscando sabedoria para agir. Enquanto isso, o jovem com o coração batendo forte começou a ter esperança; alguém se importava com seu problema de saúde. Cristianismo prático.

Logo, a solução veio; os esforços médicos para ajudá-lo falharam na Nigéria, mas um hospital especializado com cirurgiões treinados em um nível superior poderia ser a resposta de Deus. E foi isso que aconteceu. O ministério financiou a viagem do Sr. Gift com dois acompanhantes para um hospital de prestígio na Índia com todas as despesas cobertas. Aquele jovem nunca havia entrado em um avião nem possuía um passaporte. E lá na Índia foi realizada uma complexa cirurgia corretiva nele.

---

14 *Se os servos de Deus e os médicos trabalharem juntos*, postagem no Facebook do ministério T.B. Joshua Ministries em 14 de julho de 2020

O Sr. Gift voltou e testemunhou, com alegria e gratidão, que seu corpo

*Sr. Gift dando seu testemunho*

agora estava funcionando, ele podia urinar normalmente e, agora, o cateter era uma memória vaga e distante.

Ao observar isso, ficamos muito gratos pela sabedoria de Deus em instruir Seu servo a lidar com uma situação de uma maneira e com outra de outra maneira.

## SENSIBILIDADE COM O VULNERÁVEL

Um aspecto da sabedoria de Deus em T.B. Joshua refere-se ao cuidado dele quanto a orar por aqueles que se encontram na categoria vulnerável; isso pode incluir crianças autistas, pessoas com deficiências mentais e pessoas com doenças mentais que fazem uso de medicamentos controlados a longo prazo.

Não há sugestão geral que sirva para todos nem é feita a sugestão de que todos precisam do ministério de libertação. Havíamos viajado por lugares onde pessoas vulneráveis não eram tratadas com tanta compreensão, o que possivelmente levada à dor e à decepção.

Logo no início, durante uma visita de um grupo do Reino Unido, houve uma experiência salutar do que pode acontecer quando chegamos à luz na "arena da libertação", como a SCOAN acabou sendo chamada. Um empresário britânico juntou-se a um grupo de visita à SCOAN, mas não mencionou seu problema de saúde mental e que havia sido internado mais de uma vez em uma instituição de saúde mental bem conhecida. A princípio, na fila de oração, ele cumprimentou o Profeta T.B. Joshua (como se estivesse encontrando o Papa) ajoelhando-se reverentemente diante dele e beijando sua mão. No entanto, mais tarde, ele apareceu na sala de jantar com uma roupa branca solta, parecendo mentalmente perturbado com o cabelo desgrenhado, segurando uma cruz e fazendo comentários grosseiros com todas as pessoas. Parecia um filme ruim.

Mas T.B. Joshua, com a sabedoria de Deus, não iniciou uma sessão de "exorcismo". Em vez disso, ele se certificou de que o homem fosse bem cuidado e tivesse alguém com ele para que não fizesse nenhuma besteira enquanto "não estivesse em seu juízo perfeito". Em seguida, ele passou um tempo ensinando gentilmente o grupo do Reino Unido sobre a diferença entre lidar com doenças mentais e possessão demoníaca, dirigindo-se especialmente às pessoas que conheciam o homem doente. O homem respondeu ao amor demonstrado a ele o suficiente para receber permissão para voltar de avião para casa.

## Ensino bíblico ungido

As visitas em grupo à SCOAN também foram momentos de nutrição espiritual no estudo da Palavra de Deus. Sentamos nas cadeiras de plástico com nossas Bíblias amorosamente apoiadas aos joelhos, esperando por uma breve sessão de ensino.

"O Jesus que eu conheço", T.B. Joshua nos disse, "é o Jesus que está no poder do Espírito Santo". Ele nos alertou para não lermos a Bíblia tendo no coração mágoa ou falta de perdão. Ele nos levou em uma jornada para entender isso:

*Notas do sermão "Porta-voz de Deus" de 2003*

> O livro de Atos não é história, mas o padrão de como a igreja deveria ser.

Como que através de um vidro escuro, pode-se começar a entender como a parte sagrada da Bíblia Sagrada é um baú de tesouros. Não é a parte da Bíblia que fala da história, da arquitetura e das civilizações antigas que remontam ao início dos tempos, mas a parte da Bíblia que fala da santidade, do arrependimento, da convicção do pecado, do conforto e do socorro, do Pão da vida, da Água para os sedentos e de um mapa para os perdidos.

Parecia que todos os que queriam buscar primeiro o reino de Deus e

Sua justiça devoraram o ensino bíblico de T.B. Joshua, apreciando sua simplicidade e profundidade. Por outro lado, aqueles mais interessados em receber algum poder pareciam menos cientes de sua importância. O ensino da Bíblia veio embalado com pequenas citações, que foram chamadas de "citações aplicáveis". Elas eram como provérbios modernos, como por exemplo:

> Humildade significa total dependência de Deus para tudo.

> Com suas palavras, você reflete constantemente uma imagem pública de seu eu interior.

Muitas dessas citações resultaram da meditação contínua de T.B. Joshua na Bíblia. Elas eram levadas muito a sério pelos membros da igreja e sempre apareciam nas notas de sermões da igreja, que eram dadas aos visitantes e compradas semanalmente e valorizadas pelos membros da igreja.

O ensino era tão instrutivo que alguns grupos de visitantes assistiam aos vídeos do ensino da Bíblia na sala de jantar e tomavam notas; depois, todos nós nos sentávamos juntos e discutíamos sobre as anotações do ensinamento. Perguntávamos uns aos outros: "O que você anotou?" "Deixe-me ver, assim posso ampliar minhas anotações".

Mais tarde, à medida que o número de visitantes estrangeiros começou a aumentar, passou a ter horários regulares de Ensino da Bíblia com sessões de perguntas e respostas no final de cada ensino. Os visitantes gostaram muito disso.

T.B. Joshua explicava que nosso relacionamento com Deus pode ser "profundo", "mais profundo" ou "bem mais profundo". Logo, o desejo criado pelo ensino da Bíblia de ter "mais de Deus" passava a ser mais importante do que comparar os milagres ou "confissões sem filtro". Depois de uma visita à SCOAN, a pessoa ficava mais consciente do pecado, mais humilde, mais dada a perdoar, menos inclinada a fofocar, passava a amar mais a Bíblia e a querer lê-la mais. A presença de Deus em Sua Santa Palavra era real. Como sempre, a questão era mantê-la.

*Uma nota mais recente sobre o sermão*

# Rumo às nações

Os primeiros grandes eventos evangélicos internacionais (usando vários títulos dependendo das sensibilidades do país anfitrião) ocorreram entre 2005 e 2007, mostrando que esta obra de Deus poderia cruzar as fronteiras nacionais e culturais e permanecer essencialmente a mesma. Isso pode ser em grande parte porque o próprio T.B. Joshua permaneceu o mesmo, mantendo a mesma dedicação à oração e o mesmo compromisso de obedecer a Deus em vez de agradar às pessoas, seja em Lagos, seja no exterior.

Exceto por um evento anterior em Gana, tivemos o privilégio de estar presentes em todos os grandes Eventos Evangélicos Internacionais (cruzadas) com T.B. Joshua, muitas vezes fazendo parte da equipe avançada.

## Botsuana para Cristo

Com alegria em nosso coração, viajamos para o vasto país de Botsuana, no sul da África, com sua população relativamente pequena, para nos juntar à equipe que estava ajudando na preparação para o T.B. Joshua vir para a capital, Gabarone. Voamos para Joanesburgo, dirigimos da África do Sul até a fronteira e nos deparamos com o calor de Gabarone. Ter ficado com uma família local sem ar-condicionado, dispondo apenas de um simples ventilador, foi um bom treino para

*Fiona em Botsuana, em março de 2005*

nossas futuras viagens da Emmanuel TV ao Paquistão. Lá, o fornecimento de eletricidade ficava ligado por uma hora e depois ficava desligado por uma hora e, definitivamente, não havia ar-condicionado. Um pedido de última hora da equipe para obter algumas bandeiras nacionais nos levou a encontrar uma loja de artigos esportivos para conseguirmos a quantidade necessária em um curto espaço de tempo.

Fomos lá com muitas outras pessoas para recepcionar a chegada de T.B. Joshua a Botsuana em 7 de março de 2005.

*A chegada de T.B. Joshua em Botsuana*

— Estou tão animada — comentou uma senhora com a mulher ao seu lado — T.B. Joshua está vindo para nosso país. Você sabe que visitei a SCOAN no ano passado e, realmente, minha vida tem sido diferente desde então.

— Onde você conseguiu essa bandeira nacional de Botsuana?

— Vá perguntar àqueles britânicos; eles as estão distribuindo.

— Espere, aí está o carro! Será que já é ele?

— Ele está saindo do carro! Ele se veste com tanta simplicidade!

— Ele está falando conosco!

— **É hora de falar com a boca o que acreditamos em nosso coração."**

— **Estou aqui para o que nasci, para o que vivo e para o que vou morrer: para falar às pessoas sobre Jesus, o Salvador, Curador e Libertador.**

Não houve conversa fiada, nem desperdício de palavras, apenas uma expressão do que estava em seu coração.

Na primeira noite da cruzada no estádio nacional de futebol, T.B. Joshua falou com um jovem que precisava usar muletas para andar após ter sofrido um acidente de carro:

— Você deve estar pronto para olhar além da cura. Busque a salvação.

Estou aqui para a salvação de sua alma.

Mostrando as radiografias dos parafusos colocados em seus ossos e reclamando da dor, o jovem chamado Godfrey gritou em resposta:

— *Eu quero que Jesus me cure completamente.*

— A cura não é um fim em si mesma; é um meio para um fim. Você deve estar pronto para seguir Jesus. Quando você for curado, encontre uma igreja viva. Qualquer pessoa pode receber uma bênção, mas nem todos conseguem mantê-la.

— *Estou pronto para seguir Jesus depois da minha cura.*

— Não vá aonde Jesus não seria bem-vindo.

Então, o Sr. Godfrey recebeu oração e cura milagrosa, voltando no dia seguinte para dar testemunho público e demonstrar que não precisava mais de suas muletas.

O Profeta T.B. Joshua caminhou por entre a multidão naquele campo de futebol por horas, orando por muitos como o Sr. Godfrey e entregando profecias pessoais precisas a muitos outros.

*O Sr. Godfrey recebe sua cura em Botsuana*

Então, nas primeiras horas da manhã, ele orou por chuva. Botsuana estava passando por uma seca severa, afetando negativamente sua indústria agrícola, parte integrante da infraestrutura do país. À medida que ele fazia a oração enquanto estava no campo daquele estádio, ficamos maravilhados quando um pouco de chuva começou a cair instantaneamente — um sinal divino das mudanças no clima do país que se seguiram rapidamente.

# Coreia do Sul para Cristo

Ao longo dos próximos anos, T.B. Joshua iria visitar vários países asiáticos para divulgar o Evangelho.

Uma série de visitantes sul-coreanos fizeram a longa jornada até a SCOAN, porque tinham ouvido falar de tudo o que Deus estava fazendo. Um convite estava próximo e anunciava o início de três eventos significativos na Coreia do Sul. O primeiro local foi o Complexo Esportivo Anyang, perto de Seul.

Era maio de 2005, e o Profeta T.B. Joshua estava orando por pessoas por cura e libertação. Um exemplo dos muitos milagres que aconteceu foi uma jovem que explicou que havia quebrado a perna devido a um acidente e agora não conseguia andar sem muletas. Ela explicou em lágrimas: "Eu quero correr!" Após a oração, para que todos vissem, ela começou a correr livremente.

*Uma jovem recebe sua cura na Coreia do Sul, 2005*

Vendo T.B. Joshua orando por uma menina com problemas de locomoção, notamos que ela reverentemente segurou a mão dele e a beijou. Esse tipo de encontro se repetiria ao longo dos anos; crianças falariam "eu te amo" ao homem de Deus de forma totalmente espontânea.

A notícia de que um homem com um ministério de cura ungido estava na cidade se espalhou, e um grande número de pessoas lotou o complexo esportivo em busca de cura. Elas precisavam ouvir a mensagem! A cruzada foi organizada em quatro dias e, conduzido pelo Espírito Santo, o Profeta T.B. Joshua pregou mensagens que abordavam algumas questões essenciais para se receber cura divina.

Na primeira mensagem, Seu papel - Parte 1, ele deixou claro que receber cura ou redenção não depende só de Deus; também temos um papel a desempenhar, que é acreditar. Na parte 2 dessa mensagem, ele enfatizou: "Eu não sou o curador, não tenho poder próprio. Eu não sou Deus; Eu sou servo de Deus. Só posso ir aonde Deus quer que eu vá".

*A Cruzada para Cristo na Coreia do Sul em 2005*

A terceira mensagem era

sobre o pecado: Seu verdadeiro inimigo. "Seu inimigo Satanás não pode governar, controlar ou comandar você sem a presença do pecado. Portanto, o pecado é o seu verdadeiro inimigo." A mensagem final foi um encorajamento de que Deus é bom o tempo todo. Com um ensino a partir da vida de Jó, ele encorajou a multidão: "Quer você esteja curado quer não, quer o Profeta T.B. Joshua cuide de você quer não, permaneça fiel a Jesus, porque a cura é para a salvação da sua alma".

Após a cruzada, uma Conferência de Pastores foi realizada fora da cidade em um centro de retiro

*Conferência de Pastores em 2005 na Coreia do Sul com T.B. Joshua*

Prayer Mountain (Monte de Oração). Quando T.B. Joshua orou pelos pastores para receberem transmissão de poder foi como uma reunião de avivamento, com pastores caindo e tomados pela alegria, mesmo sem serem tocados. Até mesmo os cinegrafistas da SCOAN não escaparam da unção e ficavam se esforçando para permanecer de pé enquanto eram "eletrocutados" pelo Espírito Santo. O Espírito Santo estava operando; como sempre, a questão para todos os envolvidos era manter a presença de Deus em vez de perdê-la posteriormente.

## Austrália para Cristo

*Um membro do parlamento dá as boas-vindas aos visitantes da Cruzada para Cristo da Austrália com T.B. Joshua em 2006*

A cruzada Austrália para Cristo foi um evento ao ar livre realizado no Blacktown International Sportspark, em Sydney, nos dias 24 e 25 de março de 2006. O prefeito local e um membro do Parlamento deram as boas-vindas oficiais. O ministro cristão que estava apresentando T.B. Joshua era o respeitado evangelista, já avançado em idade, Bill Subritzky, da Nova Zelândia. Ele havia visitado a Sinagoga, Igreja de Todas as Nações com um grupo de pastores. Ao retornar, ele foi fundamental para testemunhar o que Deus estava fazendo por meio do T.B. Joshua ao promover os vídeos de milagres. Ele estava bem ciente das controvérsias e perseguições em torno do ministério. Na noite de abertura, ele atestou como Deus estava usando o T.B. Joshua poderosamente, terminando sua apresentação com as palavras: "Portanto, louvem a Deus por este ministério!"

*T.B. Joshua e Bill Subritzky durante o chamado do altar*

Além dos casos notáveis de cura, libertação e profecia, outra característica notável do evento principal foi o Chamado do Altar, uma resposta à mensagem de salvação, que foi conduzida por Bill Subritzky e T.B. Joshua.

Para um homem em particular, sua vida começou a mudar quando o Profeta T.B. Joshua foi direto até ele no campo de esportes e começou a profetizar. O Profeta disse que viu que ele era viciado em drogas e que seu filho voltaria para a vida dele. O homem agarrou-se a essa profecia até que, finalmente, ela se cumpriu. Em 2016, alguém bateu à sua porta, e o filho que ele não conhecia há 21 anos estava parado à sua frente. Foi um reencontro incrível e isso fez com que seu filho começasse a morar em sua casa. Em 2017, ele visitou a SCOAN para confirmar a profecia e testemunhar como ela mudou sua vida.

Após o evento principal ao ar livre, houve duas outras reuniões significativas. A primeira foi uma Conferência de Pastores realizada em Bowman Hall, Blacktown, que estava lotada; muitos queriam ouvi-lo. A conferência começou com alguns testemunhos da cruzada, incluindo uma senhora que havia se levantado de sua cadeira de rodas e agora estava lindamente vestida e usando sapatos de salto alto. Ela testemunhou com alegria sua cura da osteoporose e da artrite reumatoide.

T.B. Joshua pregou um sermão intitulado "Este tipo" (tirado de Marcos 9:29), que explicava que existem diferentes níveis de crença e, portanto, diferentes níveis de cumprimento da promessa de que "todas as coisas são possíveis para aquele que crê" (Marcos 9:23). Ele enfatizou que o que restringe nossa capacidade de acreditar está no interior, não no exterior; portanto, precisamos redefinir nossa crença. Como? Seguindo as instruções mencionadas no livro de Josué 1:8 que são: manter a Palavra de Deus em nossos lábios, meditar nela dia e noite e praticá-la.

Após o sermão e um momento de oração pela santificação, ele começou a profetizar. A primeira profecia foi para uma mulher com um "espírito de cobra". Imediatamente, uma jovem senhora branca deu um passo à frente e, com uma voz trêmula, explicou em seu distinto sotaque australiano que ela havia participado de um culto quando era adolescente, onde eles comiam cobras mortas cruas para que o espírito da cobra entrasse na pessoa. Foi feita a uma oração por libertação e, em seguida, veio um alegre testemunho de libertação.

A segunda reunião extra foi para empresários. A pregação de T.B. Joshua não recuou e foi, de muitas maneiras, um aviso profético para o mundo ocidental. Ele lembrou a todos que a morte estava chegando, e eles não sabiam quando, então eles deveriam estar prontos. Eles deveriam dar a Deus o melhor de seu tempo, sem ir apressados para a igreja nem impor limites de tempo para Deus.

Ao longo da história, tem havido relatos de que o simples fato de estar perto de servos de Deus ou de objetos que eles tenham manuseado recentemente provocou algumas reações surpreendentes. Após a cruzada na Austrália, T.B. Joshua acompanhou a equipe para comer em um restaurante em Sydney. Depois de ter comido rapidamente e deixado o restaurante, alguns membros da equipe que permaneceram lá testemunharam essa cena incomum. A garçonete que veio limpar a mesa pegou o prato em que ele estava comendo; instantaneamente, ela o largou, começou a tremer e a se comportar de maneira anormal, aparentemente manifestando um espírito maligno. Depois de se recuperar, ela perguntou: "Quem é aquele homem?"

## Campanha Nacional de Cura, Cingapura

Por causa das regras locais que refletem a diversidade religiosa de Cingapura, o título de "cruzada" teve que ser mais "neutro", então os organizadores locais escolheram a Campanha Nacional de Cura. Foi uma campanha substancial, com nada menos que sete reuniões públicas durante o período de 26 de novembro a 3 de dezembro de 2006. Tratou-se de um culto de abertura em uma das igrejas anfitriãs, duas noites de "cruzada" no estádio interno nacional, uma reunião para pastores e líderes, um jantar de empresários, um almoço no "mercado" e um encontro para jovens. Em seguida, houve uma visita memorável de T.B. Joshua à prisão, onde vestido com o uniforme da prisão, ele compartilhou a Palavra com os prisioneiros e orou por eles.

Um anúncio no metrô de Cingapura para a Campanha Nacional de Cura

Na segunda noite no estádio coberto, T.B. Joshua não veio ao culto quando os pastores organizadores o esperavam. Eles pareciam preocupados e começaram a preencher o tempo colocando diferentes pastores locais no palco para falar sobre o trabalho deles. Olhamos um para o outro e para nossos relógios muitas vezes e nos perguntamos o que estava acontecendo. Será que esse atraso estava relacionado de alguma forma à conhecida tendência cultural percebida do "horário africano"?

Um momento de adoração durante a Campanha Nacional de Cura com T.B. Joshua

Mas do outro lado desse drama, o Profeta T.B. Joshua estava prestes a deixar sua acomodação "na hora combinada", quando, com a mão na porta para sair, o Espírito Santo falou ao seu coração para esperar.

Por fim, quando ele chegou, ministrou uma mensagem evangelística concisa e poderosa explicando que a única solução permanente para nossos problemas estava no perdão dos pecados por meio da fé em Cristo. Então, ele dispensou a programação "normal" e foi direto para um momento de "oração em massa", inicialmente para a libertação dos espíritos malignos e depois para a cura. No início deste livro, escrevemos sobre essa época quando vimos "os Evangelhos em ação". Enquanto todo o estádio repetia o nome de Jesus em uníssono, a autoridade e o poder de Deus eram inspiradores. Foi algo que não tínhamos testemunhado antes, mesmo nos cultos da SCOAN em Lagos. Conforme já mencionado, nós até vimos a unção de Deus trazer cura e libertação para muitos quando reproduzimos o vídeo

*Oração em massa em Cingapura*

dessa oração em massa anos depois para multidões no Paquistão e em outros lugares.

O que teria acontecido se T.B. Joshua não tivesse atendido à orientação do Espírito Santo e tivesse chegado "na hora combinada"? Quem sabe? Mas uma coisa é certa, se ele não tivesse o espírito livre e a paz de coração que vem de obedecer apenas a Deus, não haveria como testemunhar esses eventos, nem que aquelas multidões receberiam sua libertação e cura da maneira designada por Deus e no tempo designado por Deus.

Este não foi o único "teste de fé" que ficou evidente durante a campanha de Cingapura. Houve também vários casos em que aqueles que buscavam a cura de problemas sérios de saúde tiveram que esperar e mostrar sua disposição em vir mais de uma vez. Em uma ocasião, após o Almoço no Mercado, onde as pessoas não esperavam necessariamente que houvesse uma fila de oração, T.B. Joshua explicou isso claramente. Assim que ele terminou de ministrar a mensagem "O propósito da bênção", começou a orar por aqueles que buscavam uma cura. Veja o que anotamos do que ele disse:

> Muitos de nós não precisa de imposição de mãos, mas de instruções sobre o que fazer. Obedeça à Palavra e seu caso será resolvido. Se a cura não é para você agora, não vou orar por você. Eu

não pratico oração. Sua cura pode ser amanhã, e pode ser outra pessoa orando por você. Não é para todo mundo que está aqui que fui designado.

Referindo-se a uma senhora que estava presente em uma cadeira de rodas, ele disse:

Ontem estive com ela por algum tempo, e ela não conseguia andar. O Espírito de Deus disse: "Convide-a para vir amanhã".

Em seguida, vimos T.B. Joshua orar por ela e ela se levantar imediatamente da cadeira de rodas e caminhar. Ele continuou a dizer:

Convidei três, mas só vejo esta aqui. Um homem receberia seu milagre agora, mas ele não está aqui. Quando Eliseu disse: "Vá ao Jordão sete vezes", ele não disse uma vez. Quando Jesus disse: "Vá e lave-se no tanque", não foi porque Ele não tinha o poder; foi para testar a fé do homem. Seja qual for o problema que você tenha, você deve esperar testes de fé.

Isso costumava ser ministrado em muitos "sermões improvisados" que ouvimos dele durante o ministério; e era outro exemplo de "cristianismo prático".

# Indonésia

*T.B. Joshua em Jacarta, em 2007*

A Cruzada da Indonésia com o Profeta T.B. Joshua aconteceu em Jacarta e Surabaya no final de setembro de 2007.

Ficou claro que houve muito debate e controvérsia sobre a vinda de T.B. Joshua à Indonésia. Na primeira noite, em Jacarta, no estádio coberto, ele abordou a controvérsia diretamente e pregou sobre Nicodemos em João 3:1-12.

Muitas pessoas criam ódio ou amor por uma determinada pessoa por causa do que ouvem, do que leem ou do que veem sobre ela. Nicodemos não agiu assim. Ele não era o tipo de pessoa que se deixava influenciar pelo que as pessoas diziam. Sendo um homem de princípios, ele decidiu vir a Jesus para confirmar. Ele não se sentou em algum lugar ouvindo isso ou aquilo e chegou a uma conclusão precipitada.

Mais tarde, durante aquela primeira reunião, houve uma libertação particularmente dramática quando T.B. Joshua percorreu a fila de oração para orar por centenas de pessoas. Um homem, parecendo bastante normal por fora, caiu instantaneamente para trás e começou a tremer quando T.B. Joshua o tocou. Ele então pareceu entrar em alguma forma de transe e de sua boca saíram as palavras, não em sua própria língua, mas em inglês: "Eu sou Belzebu, um servo de Lúcifer". A certa altura, ele apontou o dedo para o homem de Deus, dizendo: "Eu o conheço. Eu estou bravo com você". Após algumas palavras arrogantes faladas pelo demônio dentro do homem, querendo brigar com o servo de Deus, T.B. Joshua pediu a um menino que estava perto para orar pelo homem, que caiu para trás, demonstrando que o poder não era dele, mas sim de Jesus. O homem voltou com toda a família para o evento subsequente dos Líderes e compartilhou publicamente seu testemunho em sua própria língua, agradecendo a Jesus por Seu amor em se lembrar dele e libertá-lo.

Após a cruzada, T.B. Joshua visitou a House of Love, uma casa de caridade criada para cuidar de desabrigados e pessoas rejeitadas em Surabaya. Lá, ele compartilhou o amor de Cristo e doou US$ 10.000,00 para os fundadores da instituição de caridade a fim de apoiar o trabalho deles.

## Fogo no console

Após a cruzada na Indonésia, de volta à SCOAN, o crepitar do fogo foi ouvido uma noite. Os evangelistas que estavam dormindo, após um dia agitado de serviço, receberam uma ligação: "Acorde, o console com todo o equipamento tão vital para a Emmanuel TV está pegando fogo! Acreditamos que não vai se espalhar para o telhado da igreja. Rápido, corra, cada momento é valioso". Os visitantes que estavam hospedados na igreja foram transferidos para um local seguro, e a tensão estava aumentando.

Um evangelista iria relatar muitos anos depois em um sermão de domingo que, com o coração perturbado, ele começou a ajudar a trazer baldes de água e ouviu alguém atrás dele que parecia imperturbável. Afrontado, ele se virou e se viu olhando diretamente nos olhos calmos de T.B. Joshua, que lhe perguntou: "Como vai você?"

T.B. Joshua não se abalava com as vicissitudes da vida. Ele exemplificou que a "paz que excede todo o entendimento" falada na Bíblia não está relacionada com a ausência de problemas, mas sim com a certeza de que Deus nos ajudará.

De fato, à medida que a noite foi avançando, o telhado da igreja escapou de danos, ninguém se feriu e, embora a Emmanuel TV tenha ficado fora do ar por três meses, o equipamento foi, por fim, substituído e um console novo e melhor foi construído. Pouco depois do incidente, T.B. Joshua refletiu publicamente:

"Quando o recente incêndio ocorreu na Sinagoga, como um homem de fé perseverante, eu sabia que Satanás estava apenas tentando fazer com que eu me rebelasse contra meu Pai Celestial. Mal sabe ele que Deus usa a aflição dos santos para promover sua fecundidade (Gênesis 41:52; Jeremias 17:7-8)".

## Retomada dos eventos internacionais

Após um intervalo de anos, durante o qual ocorreu o desenvolvimento dos grandes cultos de domingo na SCOAN com um forte "tempero" internacional e o crescimento contínuo da Emmanuel TV, havia chegado a hora! O ano era 2014, e T.B. Joshua ouviu o "sim" de Deus para viajar novamente. Agora as questões técnicas começariam. Depois de todo o treinamento e a experiência em gravação e transmissão ao vivo dos cultos de domingo, será que agora a equipe (com a assistência técnica local apropriada) conseguiria fazer a transmissão ao vivo de eventos internacionais mundo a fora, especialmente dos próximos eventos ao ar livre em estádios?

Era o início de 2014; ao chegarmos à SCOAN tarde da noite, depois de termos ajudado com alguns pedidos de equipamento fotográfico, alguém bateu à porta do quarto. Esfregando nossos olhos, vimos um evangelista sorrindo: "Baba, Mama, bem-vindos! (Pais mais velhos são sempre conhecidos como Baba e Mama na cultura africana.) T.B. Joshua quer que vocês conheçam alguns pastores que estão prestes a viajar".

Nós nos arrumamos rapidamente, cumprimentamos os dois pastores da Colômbia, sem perceber que em poucos meses o longo espaço de tempo entre o evento da Indonésia em 2007 e o futuro estava chegando ao fim, e o grande evento de Cali, Colômbia estava se aproximando.

Então, alguns dias depois, houve outra ligação. "Mama, Baba, subam." Sentamos e nos disseram: "Vejam, há uma data provisória planejada para o homem de Deus ir à Coreia do Sul para uma conferência de pastores". O evangelista segurava um calendário, e vimos a data circulada e engasgamos. Faltava apenas uma semana.

Os caminhos de Deus são misteriosos. Pensamos ter ido a Lagos, por sugestão própria, apenas para garantir a entrega segura de algumas câmeras, mas Deus tinha outros planos. Naquela noite, partimos para a Coreia do Sul como parte de uma equipe avançada.

Depois de dois voos noturnos, a equipe chegou à Coreia e começou a trabalhar imediatamente — a Conferência de Pastores proposta seria dali a apenas seis dias! Desenrolando nossos colchonetes coreanos tradicionais na área de hóspedes de uma igreja amigável, agradecemos a Deus pela oportunidade de fazer parte daquele empreendimento de fé. Enquanto os outros membros da equipe estavam pesquisando possíveis locais para oração do T.B. Joshua: Prayer Mountains (Montes de Oração), estávamos na equipe trabalhando com nossos anfitriões para encontrar um lugar para a equipe ficar. Um tanto inseguros quanto às várias opções oferecidas e sabendo que toda a equipe precisava estar junta, relatamos o desafio a T.B. Joshua. Em seguida, veio a instrução de que a equipe precisaria se concentrar inteiramente no trabalho, incluindo a transmissão ao vivo da Emmanuel TV, portanto, deveríamos procurar acomodação adequada em hotel. O ministério pagaria; isso não seria nenhum fardo para os anfitriões.

Essa mudança rápida deu o tom para o financiamento dos próximos cinco anos de cruzadas, quando o ministério pagaria a maior parte dos custos associados a um evento em estádio, bem como todas as despesas de viagem e hotel da equipe. Mais importante ainda, o ministério não coletava nenhuma oferta. Os organizadores coletavam uma oferta para sua parte nas despesas (antes que a equipe da SCOAN entrasse no palco), mas T.B. Joshua não recebia parte do dinheiro arrecadado quando vinha para fazer a ministração de cura.

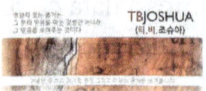

Livro "O Espelho" impresso em coreano

Além disso, daquele momento em diante, nenhum livro ou DVD foi vendido nos eventos do estádio; todos eles foram doados. A produção e a impressão em diferentes idiomas do livro de estudo de T.B. Joshua sobre os heróis da fé na Bíblia, com o título The Mirror (O Espelho, tradução livre do título), se tornou uma parte regular da preparação da cruzada. O mesmo se deu com seu livreto sobre como receber e manter a cura de Deus, *The Step Between You And The Cure* (A Etapa entre Você e a Cura).

TB. Joshua raramente escrevia um livro. Ele mesmo era uma carta viva como 2Coríntios 3:2 diz: *"Vocês mesmos são a nossa carta, escrita em nosso coração, conhecida e lida por todos."* Os únicos outros livros publicados pela SCOAN foram *Daily Time With God* (Tempo Diário com Deus), uma coleção de citações, e *What The Future Holds I e II* (O que o futuro nos reserva I e II), que são diários de algumas das profecias internacionais feitas pelo Profeta T.B. Joshua ao longo dos anos.

## Transmissão ao vivo pela Emmanuel TV

Um dos motivos práticos pelos quais a Conferência de Pastores da Coreia de 2014 pôde ser finalizada em tão pouco tempo foi porque ela foi realizada em um prédio de igreja bem equipado, que tinha grande parte da infraestrutura técnica já instalada. Por exemplo, a igreja já tinha experiência com streaming de internet ao vivo, então a infraestrutura para isso já estava montada. Gary retoma a história:

# Rumo às nações

*Pouco antes do evento, chegou a mensagem de T.B. Joshua de que a conferência deveria ser transmitida ao vivo pela Emmanuel TV. Em um teste antes culto, a central de transmissão da Emmanuel TV (naquela época na África do Sul) simplesmente se conectou ao streaming de internet da igreja e tudo funcionou perfeitamente. No entanto, logo após o início da conferência, a rede travou. Descobrimos que os arranjos existentes tinham uma capacidade bem limitada e, por isso, não conseguiam dar conta do número extra de pessoas que, via streaming da Igreja, estavam tentando entrar localmente pela Internet para ver a conferência.*

*Precisávamos de uma solução imediata. O streaming foi fornecido por uma empresa terceirizada que não estava conseguindo atender à demanda. Consegui conectar meu notebook à Internet pública e configurar um novo streaming para se conectar diretamente com a central de transmissão da Emmanuel TV, mas os cabos e conversores necessários para colocar o vídeo ao vivo no notebook não estavam disponíveis. Foi quando eu me lembrei que poderia conectar minha câmera de vídeo doméstica ao meu notebook, então a fixamos em um tripé com fita adesiva e a apontamos para o "monitor do programa" na sala de controle.*

Uma "gambiarra" bem-sucedida para um problema de transmissão ao vivo

Prendendo a respiração, lá na África do Sul, a equipe técnica da Emmanuel TV esperava! Será que aquela gambiarra iria funcionar? Sim, funcionou. Finalmente, a equipe poderia relatar que o primeiro evento internacional fora da Nigéria em sete anos com T.B. Joshua agora estava sendo transmitido ao vivo tanto em canais africanos por satélite quanto pela Internet. A qualidade do vídeo deixava a desejar, mas o verdadeiro objetivo do evento — a oração e o ensino ungidos — era atingir o público internacional.

Para eventos futuros, isso se tornou uma parte essencial do planejamento técnico, e a transmissão ao vivo com qualidade total em alta definição se tornou a norma.

## Os perigos do dinheiro

*Conferência de Pastores em 2014 na Coreia do Sul com T.B. Joshua*

A entrada em todos os eventos internacionais era gratuita, na Conferência de Pastores da Coreia do Sul isso não foi diferente, mas a equipe descobriu que "doadores parceiros" que apoiaram os organizadores até certo ponto receberam uma vaga em uma seção mais próxima da frente, onde esperava-se que o Profeta T.B. oraria pelas pessoas. Mas o Espírito Santo faz o que Ele quer, e quando chegou a hora da oração individual, o ministério começou com as pessoas sentadas na varanda!

Naquela Conferência de Pastores, T.B. Joshua falou aberta e francamente sobre a questão do dinheiro e explicou por que havia deixado de viajar para o exterior por um período. (Certamente não foi por falta de convites.)

> Cura, libertação, profecia e todas as bênçãos de Deus são prejudicadas pelo dinheiro. Não é possível curar pessoas e arrecadar dinheiro. Quando é hora de curar, é hora de dar o que Deus nos deu.
>
> Quando é hora de avivamento ou cruzada, é hora de ouvir a vontade de Deus. Se for a vontade de Deus um reavivamento, o que será usado e o dinheiro para as despesas serão providenciados por Deus de forma grandiosa — não virão dos enfermos ou das pessoas que vierem, mas Deus providenciará os recursos necessários de uma forma maravilhosa. Eu pedi a Deus que antes que eu começasse a me mover em direção a um o avivamento, eu queria que Ele elevasse meu padrão financeiramente.[15]

Posteriormente, ele expandiu essa explicação durante um sermão na igreja de Lagos em 2017:

> Todas essas cruzadas que você me vê fazendo ao redor do mundo, como em Cingapura, Indonésia, México, Peru etc. — eu pago a maior parte dos custos. Não controlamos o Espírito Santo! Quando

---

15  Conferência de pastores com T.B. Joshua em Shingil Church, Seul, 2 a 3 de abril de 2014

estou lá, quero estar livre. Eu quero dormir na hora que o Espírito quiser que eu durma. Eu quero orar por quem o Espírito Santo quiser que eu ore.

Se você pagar o estádio para mim, irá receber dinheiro de grandes empresários que estão doentes, e são eles que você colocará nas fileiras da frente e me dirá: "Ore por estes aqui, Homem de Deus, eles é quem pagaram setenta por cento dos custos". Deus não pode apoiar tal arranjo. Você está me dizendo para sair às 8 da manhã, quando o Espírito de Deus disse que eu posso sair às 10 da manhã. Por isso, eu pago pelo estádio.

Minha alegria é ver pessoas curadas; minha alegria é ver pessoas libertas; minha alegria é ver pessoas abençoadas. Esse é o meu dinheiro. Cada pessoa liberta significa mais do que U$ 20.000,00 para mim! Esse é o dinheiro que Deus me dá, o prazer de dormir com a consciência tranquila.[16]

Ao longo dos anos, vimos esse princípio claramente em operação e experimentamos suas bênçãos, que superam em muito qualquer desafio.

# Cali, Colômbia

Chegamos agora a julho de 2014 e à Cruzada de Milagres com T.B. Joshua em Cali, Colômbia. Passamos dois meses na Colômbia em preparação para este evento, que seria em uma nova escalada para todos nós. Vimos o Estádio Olímpico de Futebol da cidade lotado com mais de 40.000 pessoas nas duas noites.

*A Cruzada de Milagres com T.B. Joshua no Estádio Olímpico de Cali na Colômbia*

Quase 20 anos antes, cristãos em oração encheram o mesmo estádio, após o martírio de um pastor proeminente na cidade, que levou a um

---

[16] *O segredo do meu "dinheiro"!* Ministério TB Joshua Ministries, postagem no Facebook de 3 de maio de 2017

reavivamento da fé. Mas, como explicaram os pastores locais, o fogo do avivamento havia arrefecido com o tempo, e o evento foi calorosamente esperado. Os crentes estavam planejando trazer as pessoas de fora da igreja que precisavam ouvir o Evangelho pregado com poder.

Durante o sermão, na segunda noite da cruzada, o Profeta T.B. Joshua abordou especificamente o estado da igreja.

> Pois alguém falar, pregar, ensinar sobre a Palavra separada o Espírito, é biblicamente incorreto. Não podemos continuar fazendo isso, pois estamos tornando Jesus Cristo impopular.

> O futuro da igreja depende de aprendermos uns com os outros. Eu preciso de você; você precisa de mim. Eu preciso de sua teologia; você precisa do meu poder. Eu preciso do seu poder; você precisa da minha teologia. Por não haver união entre a Palavra e o Espírito, esta igreja é conhecida por pregar e ensinar a Palavra de Deus, enquanto a outra igreja é conhecida por milagres, sinais e maravilhas. Não é assim que deveria ser.

> Eu oro todos os dias pelo dia em que não iremos mais brigar, ter inveja e ciúme um do outro.[17]

Vimos que muitas igrejas deram as mãos para apoiar a cruzada. O Presidente da Confederación Evangelica de Colombia (Cedecol), representando a maioria das igrejas evangélicas na Colômbia, compareceu e falou muito positivamente da Palavra de Deus e dos milagres que estão associados ao ministério do Profeta T.B. Joshua.

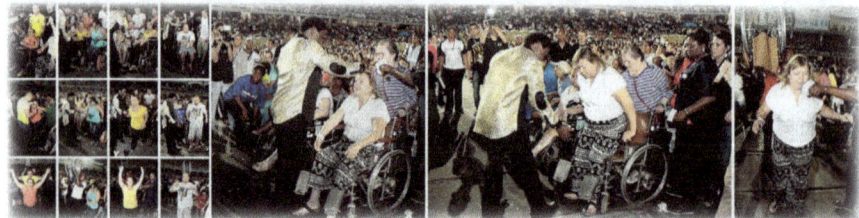

*Cura na fila de oração em Cali, Colômbia*

Houve dezenas de curas e centenas de libertações, e o nome de Jesus foi exaltado. O falecido evangelista C.S. Upthegrove, que trabalhou com muitos dos proeminentes evangelistas de cura dos Estados Unidos na década de 1950, participou da cruzada e já estava com 85 anos. Ele

---

17　*O preço da fé Parte 2*, Cruzada de Milagres com TB Joshua, Cali, Colômbia, 12 de julho de 2014

disse estar emocionado por ter visto Deus operar novamente de forma tão poderosa em curas e milagres.

*Oração em massa em Cali, Colômbia*

Uma das muitas curas notáveis da cruzada aconteceu após a oração em massa, enquanto a multidão cantava: "Há poder no nome de Jesus". Quando o poder de Deus varreu o estádio, os pés de uma jovem, tortos desde o nascimento, se endireitaram milagrosamente. Quando seu aparelho foi removido, ela começou a pular e a correr, uma alegria contagiante iluminava seu rosto e transmitia uma mensagem que ia além das palavras.

Entre os eventos adicionais em Cali, uma cidade que sabia o que era sofrer com tanta violência, estava um significativo trabalho de caridade. Centenas de famílias foram convidadas e teriam transporte gratuito para o local em que teriam comida quentinha e entretenimento, as crianças receberiam um check-up médico profissional e os adultos ganhariam uma grande sacola de mantimentos.

*T.B. Joshua no evento de caridade em Cali, Colômbia*

*A reunião da polícia com T.B. Joshua em Cali, Colômbia*

A Polícia Metropolitana de Cali também organizou um evento em que presenteou o T.B. Joshua com um prêmio honorário e um quepe da polícia. Ele fez uma generosa doação de US$ 100.000,00 para o fundo social dos órfãos, viúvos ou feridos no cumprimento do dever e compartilhou uma mensagem de seu apreço pelo trabalho da força policial: "Vocês evitam o crime na sociedade da forma natural. Nós impedimos o crime no espírito. Fazemos o mesmo trabalho. Saúdo vocês".

## CRUZADA NO MÉXICO

Foi um fenômeno em si, a cruzada milagrosa com o Profeta T.B. Joshua na Cidade do México em julho de 2015. Como foi que o maior estádio de futebol da América Latina ficou lotado para um evento cristão gratuito pela primeira vez em sua história? O trabalho árduo dos organizadores locais, viajando por todo o México, dizendo como seria o evento e encorajando diferentes igrejas teve um papel significativo, assim como a produção e a distribuição de milhares de DVDs gratuitos. Mas, no final das contas, essa foi uma obra soberana de Deus.

Antes do evento, a equipe, incluindo a equipe de filmagem, sentou-se nos lugares mais altos para uma reunião de planejamento; não podíamos deixar de sentir algumas "pontadas" de ansiedade. Era muito alto, o que será que aconteceria durante a oração em massa quando as pessoas reagissem? "Deus está conosco", nós nos encorajamos, "Ele nos protegerá", e foi o que aconteceu.

*Cruzada de Milagres com T.B. Joshua no México em 2015*

O icônico estádio asteca, mundialmente famoso, com 100.000 lugares, estava bastante lotado na segunda noite da cruzada. A chuva foi forte na primeira noite, mas, não abalou o evento em nada, T.B. Joshua continuou orando por horas, e os milagres aconteceram. Fiona e outros parceiros da Emmanuel TV estavam nos portões distribuindo os DVDs gratuitos da Cruzada na Colômbia quando, por fim, a chuva diminuiu e a multidão começou a ir embora. A segunda noite foi poupada do aguaceiro e foi inesquecível. O operar de Deus aumentou, e os testemunhos foram quase incontáveis.

A multidão também foi surpreendida com algumas contribuições musicais de edificação da fé de conhecidos artistas gospel dos EUA: CeCe Winans, Alvin Slaughter e Vashawn Mitchell.

A aptidão para o trabalho físico

*Oração na chuva na primeira noite*

era um requisito básico, pois os evangelistas e a equipe de ajudantes tiveram que retirar tudo do estádio e armazenar o restante dos recursos no hotel ao final da cruzada. Todos nós nos lembramos de ficarmos correndo, orientando e colocando os caminhões no lugar certo para coletar os equipamentos e materiais. Acabou que a equipe só conseguiu ir para seus quartos depois das 4 da manhã, sabendo que "a alegria do Senhor os fortaleceria" (Neemias 8:10).

A cruzada e a grande Conferência de Pastores que se seguiu causaram um impacto tremendo. Uma equipe da SCOAN permaneceu no país por várias semanas para gravar os testemunhos de acompanhamento e editar as filmagens. Nós até nos mudamos e ficamos morando no México por mais de um ano para ajudar no acompanhamento, especialmente, no trabalho de caridade. T.B. Joshua ajudou a fundar uma "Associação Civil" local para apoiar esse trabalho.

*Oração em massa no México*

O próprio T.B. Joshua poderia ter passado mais tempo no México, mas como ele explicou em uma mensagem que deu na igreja em Lagos, em 2017, seu chamado de Deus era para retornar à África,

Eu irei para os avivamentos, e nos avivamentos, você sempre verá o estádio cheio. O país, os ministros — todos eles se reúnem. Mas não me deixo levar por isso; após a cruzada — volto para casa. De volta à África, onde estou sendo perseguido, onde eles querem que eu seja morto, destruído. Eu moro onde não sou famoso; saí do local onde sou celebrado.

Quando você está em meio a uma batalha, está edificando a si mesmo; isso é bom. Onde você não é celebrado e é perseguido é o melhor lugar para viver. Isso edificará você. O ouro não pode ser ouro sem passar pela fornalha. O caráter humano também precisa passar pela fornalha.[18]

## CRUZADA COM T.B. JOSHUA NO PERU

Após uma segunda cruzada dinâmica na Coreia do Sul, realizada no Gocheok Sky Dome em Seul, nos dias 22 e 23 de julho de 2016, T.B. Joshua voltou à América Latina para outra cruzada de milagres. Era para acontecer no maior estádio de futebol da América do Sul, o Estádio Monumental de Lima, Peru, em setembro de 2016.

A característica mais memorável para nós foi ficarmos no fio da navalha em termos de tempo. Houve um atraso administrativo dos vistos da equipe da Emmanuel TV que vinha de Lagos. Do ponto de vista do planejamento logístico, as decisões para confirmar a cruzada foram deixadas para o último momento possível. Mas, então, esses prazos "finais" foram aprovados sem que os atrasos nos vistos tivessem sido

*Cruzada no Estádio Monumental em Lima, Peru*

resolvidos, e só Deus que poderia fazer com que a cruzada continuasse. O evento foi confirmado apenas duas semanas antes da data planejada, e toda a equipe de planejamento e organização da SCOAN chegou apenas onze dias antes da primeira noite. De um ponto de vista natural, simplesmente não havia tempo suficiente para juntar as "peças do

---

18 *Não destrua seus relacionamentos a ponto de não ter mais conserto*, Sermão de T.B. Joshua, culto de domingo na SCOAN, 30 de abril de 2017

quebra-cabeça" necessárias para que o evento acontecesse, mas Deus disse: "Vá" ao Seu servo, e isso era tudo o que importava.

Forçosamente, isso nos fez lembrar de que há benefícios reais em receber tarefas que são "impossíveis". Devemos fazer o nosso melhor; mas, no final das contas, Deus precisa agir, e somente Ele pode levar a glória.

Os sinais dessas tensões não transpareceram para a cruzada em si; Deus estava no controle. Tanto para as autorizações legais obtidas em tempo recorde, como para as 300 baguetes de presunto e queijo que nossa equipe de parceiros da Emmanuel TV teve que providenciar, praticamente sem aviso prévio, para as patrulhas da polícia que estavam trabalhando junto às multidões como para os milagres de cura e libertação, para tudo foi necessária a intervenção de Deus.

Um momento inesquecível foi quando o Profeta T.B. Joshua parou de orar pelas pessoas e se sentou porque havia o risco de a multidão avançar. Ele disse que não se moveria até que as pessoas

*T.B. Joshua espera a multidão se acomodar*

voltassem aos seus assentos, o que eles fizeram devidamente.

## CRUZADAS NO PARAGUAI E NA REPÚBLICA DOMINICANA

O Paraguai é um pequeno país sul-americano e seu estádio nacional sediou a Cruzada com o T.B. Joshua em agosto de 2017. O Parlamento Nacional do Paraguai concedeu-lhe a maior honra da nação ao reconhecer seu trabalho evangelístico e humanitário. Houve também testemunhos impressionantes da cruzada, incluindo uma libertação incrível de alguém que nem mesmo estava presente, mas cuja irmã levou uma foto dele para receber oração.

Para a equipe dos bastidores, um desafio era o fato de, no Paraguai, não haver um fornecedor adequado do piso protetor temporário que era necessário para cobrir o campo de futebol para esses eventos. O piso acabou sendo adquirido de um país próximo, mas chegou com atraso devido às questões alfandegárias e logísticas.

*Colocando a cobertura temporária do campo para a cruzada no Paraguai*

Toda a equipe da SCOAN — os evangelistas, os cinegrafistas, o pessoal de protocolo, etc., bem como os parceiros da Emmanuel TV que se ofereceram para ajudar — colocou e depois removeu os milhares de pedaços de revestimento de chão do campo. No campo do estádio havia pessoas rastejando de joelhos, colando o piso com fita adesiva, uma experiência surreal.

Entre o primeiro e o segundo dias da cruzada, fortes tempestades ameaçaram toda a instalação técnica e os fortes ventos rasgaram o banner do palco. T.B. Joshua declarou a todo o estádio que: "A chuva é serva de Deus, e nós também somos servos de Deus; a chuva não poderia nos impedir". Ele explicou como havia "negociado com a chuva" em oração, pedindo que ela diminuísse nos horários do evento para que o equipamento técnico ficasse seguro e o segundo dia pudesse acontecer.

Ficou sem chover até depois da oração em massa; mas, logo em seguida, a chuva começou a cair torrencialmente e, além disso, estava frio. Cuidamos das pessoas que tinham depoimentos e chegaram às salas de entrevista tremendo e usando camisetas finas de algodão, demos a elas abraços calorosos, refeição e abrigo.

Apenas três meses depois, em novembro de 2017, foi realizada a Cruzada da República Dominicana no Estádio Olímpico da capital, Santo Domingo.

Que evento lindo! Havia unidade entre as igrejas. Como parte da equipe

# RUMO ÀS NAÇÕES

*A Cruzada da República Dominicana com T.B. Joshua em 2017*

técnica, chegamos cedo e pudemos ver a dinâmica disso acontecendo. O ensaio dos corais parecia celestial, e essa boa vontade permeou por toda parte. Um caloroso espírito de equipe em todas as culturas, cores e origens era evidente nos crentes locais. A única preocupação era se caberia todas as pessoas que quisessem comparecer naquele estádio com capacidade para apenas 40.000 pessoas. Na verdade, muitos tiveram que ouvir o culto do lado de fora do parque.

T.B. Joshua foi novamente agraciado com uma alta Honra Nacional, e o Presidente do país o recebeu pessoalmente.

*T.B. Joshua com o presidente Medina da República Dominicana*

Foi um evento colorido enquanto os dançarinos glorificavam Jesus e o vento quente do Caribe acariciava nossas faces, mas conforme o sol foi se pondo e o calor do dia diminuindo, o ponto crucial do evento começou.

Para a mensagem da primeira noite, T.B. Joshua fez um sermão fundamental, mas direto sobre a essência do cristianismo: "Buscar primeiro o reino". O texto usado foi o de Romanos 5:1-8 que lembra os cristãos sobre a justificação por meio da fé baseada na morte sacrificial de Jesus na cruz. O homem de Deus também exortou o público a acumular apenas tesouros espirituais e a se comprometer com o bem-estar e a alegria dos outros.

Houve testemunhos públicos de cruzadas anteriores, oração e libertação e a bênção no final: a oração em massa. A oração em massa no estádio com T.B. Joshua é uma experiência poderosa temperada com o temor de Deus. Não é um momento emocional. É um momento em que, como ajudante, não se sabe realmente o que vai acontecer. Quem manifestará? Quem vai vomitar, quem vai largar as muletas ou os andadores e se levantar da cadeira de rodas? Como em todos os eventos, os ajudantes e a equipe estão prontos para a ação, com calçados práticos e camisetas de identificação.

"Câmera, venha rápido!" O que está acontecendo? Estava escorrendo sangue da cabeça de uma jovem. Ela não caiu; é uma manifestação sobrenatural. Ela sofria de uma estranha infecção fúngica no couro cabeludo, que era dolorosa e constrangedora. Ela sequer recebeu um toque físico durante a oração do Profeta T.B. Joshua na Cruzada da República Dominicana, mas o próprio Espírito Santo a tocou no momento da oração em massa de uma maneira notável. A infecção desapareceu depois que sua cabeça começou a sangrar durante a oração, como ela mais tarde testemunhou ao lado de sua tia.

## Reino Unido e Israel

Cada um dos eventos ocorridos no Reino Unido, na França e na Argentina em 2018 comportaram milhares de pessoas, todos eles foram transmitidos ao vivo, onde Evangelistas enviados por T.B. Joshua faziam oração com água ungida no poderoso nome de Jesus Cristo. Ocorreram muitas curas e libertações.

*Reavivamento no Reino Unido da Emmanuel TV, em Sheffield, em 2019*

Então, em 2019, o Espírito Santo direcionou dois eventos internacionais em junho. O Avivamento do Reino Unido da Emmanuel TV foi realizado em um grande estádio coberto chamado Sheffield Arena, e três dos atuais "profetas em treinamento" fizeram a ministração.

As pessoas vieram de longe para experimentar a unção, e muitas não puderam participar, porque o estádio com capacidade para mais de 10.000 lugares estava lotado.

T.B. Joshua permaneceu em Lagos no Prayer Mountain (Monte de Oração) durante esse evento. A primeira pessoa que recebeu oração foi uma senhora com uma perna quebrada. Sem qualquer toque físico, sua perna começou a tremer incontrolavelmente enquanto o Espírito Santo realizava uma "operação espiritual". Quando ela largou as muletas e tirou a bota imobilizadora, o milagre ficou evidente para todos verem. A cena aconteceu um pouco antes, quando um Coral Gospel convidado cantou a poderosa música Sin's Power over me is broken (Foi anulado o poder do pecado sobre mim) composta por T.B. Joshua. Houve libertação, cura e uma manifestação do poder de Deus enquanto cantavam.

Saindo do Reavivamento do Reino Unido da Emmanuel TV e indo rapidamente para o seguinte, houve um memorável evento ao ar livre em Nazaré, Israel, a terra onde Jesus Cristo caminhou entre o povo, a pátria histórica dos patriarcas do Antigo Testamento. Esta era a terra da Bíblia, onde peregrinos religiosos vinham de todo o mundo para passeios especiais, mas lá geralmente não aconteciam grandes eventos ao ar livre em que o poderoso nome de Jesus Cristo era usado.

"Que o nome de Jesus seja glorificado em Sua cidade natal histórica, Nazaré, Israel — um evento público ao ar livre no Monte Precipício para que toda a cidade fique ciente."

Esta foi uma instrução de Deus para T.B. Joshua. O Monte Precipício em Nazaré é mencionado na Bíblia por um motivo específico. Foi onde (como contado em Lucas 4) uma multidão, irritada com as palavras de Jesus, tentou jogá-lo lá de cima, mas Ele passou por ela ileso.

Embora muitas pessoas visitem o Monte Precipício, o anfiteatro de lá estava ficando em más condições e precisava de reparos. Em uma visita anterior, enquanto T.B. Joshua caminhava por suas instalações abandonadas, o Espírito Santo o orientou a ajudar financeiramente fazendo algumas reformas significativas neste local sagrado para que, mesmo após o evento, a cidade de Nazaré ficasse com um valioso espaço renovado.

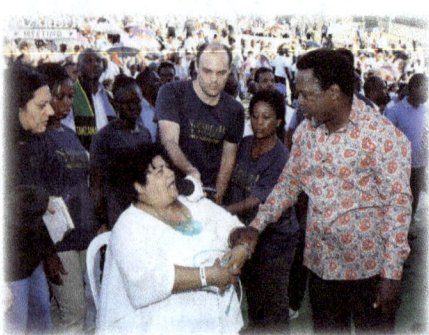

*Encontro em Nazaré com T.B. Joshua em 2019*

Antes de junho de 2019, uma grande reforma estava sendo realizada e estavam sendo criadas boas relações com as autoridades governamentais locais. No entanto, tudo que gira em torno de Jesus sofre ataques, e na pátria de Jesus, isso não foi exceção. A história de alguns dos desafios enfrentados antes da realização bem-sucedida do evento de Nazaré será abordada no próximo capítulo.

A era dos milagres ainda não passou; Jesus, o operador de milagres, ainda está vivo! Para aqueles cujas vidas estão centradas em Jesus Cristo, o melhor está sempre por vir!

# A VIDA É UM CAMPO DE BATALHA

*Sentado no avião indo para minha primeira visita à Nigéria em 2001, eu (Gary) estava prestes a conhecer o mundo das fofocas, insinuações e falso testemunho. Uma senhora bem-vestida se inclinou para frente:*

— Com licença, mas eu ouvi você conversando; você vai mesmo para... aquele lugar?

— Desculpe-me, senhora, não estou entendendo.

— Se não estivéssemos no ar, eu o teria aconselhado a descer deste avião!

*Sua voz tremia de emoção e, de repente, virou um sussurro:*

— Aquele lugar, A Sinagoga! Você sabe que o poder dele vem da feitiçaria, não é? Aconselho você a mudar seus planos. O poder dele vem do outro lado.

*Imediatamente como um clarão, um versículo veio à minha mente; não foi isso que os fariseus disseram sobre Jesus? Peguei a minha Bíblia e comecei a ler.*

*"Mas os fariseus, ouvindo isto, murmuravam: Este não expele demônios senão pelo poder de Belzebu, maioral dos demônios." (Mateus 12:24)*

## Qualquer coisa perto de Jesus recebe ataque

Desde os primeiros dias, recebemos comentários tanto negativos quanto positivos sobre o T.B. Joshua e a SCOAN, mas decidimos buscar a verdade de Deus.

*"Ai de vós, quando todos vos louvarem! Porque assim procederam seus pais com os falsos profetas."* (Lucas 6:26)

Todos os ministérios eficazes que procuram tornar Jesus Cristo conhecido, pregar o Evangelho e ver a expansão do Reino de Deus enfrentam mal-entendidos, ataques e ódio. O tipo de ataque irá variar de acordo com os costumes da época e as normas e as percepções dos acusadores. Eles mudam ao longo dos séculos e variam de uma cultura para outra.

No entanto, Jesus nos lembra que a oposição é normal:

*"Se vós fôsseis do mundo, o mundo amaria o que era seu; como, todavia, não sois do mundo, pelo contrário, dele vos escolhi, por isso, o mundo vos odeia. Lembrai-vos da palavra que eu vos disse: não é o servo maior do que seu senhor. Se me perseguiram a mim, também perseguirão a vós outros."* (João 15:19-20)

O Evangelho de João, capítulo 7, versículo 12, oferece um vislumbre da controvérsia em torno de Jesus Cristo que ainda continua nos dias de hoje!

*"Entre a multidão havia muitos boatos a respeito dele. Alguns diziam: 'É um bom homem'. Outros respondiam: 'Não, ele está enganando o povo'".* (NVI)

Vamos voltar no tempo em que Jesus, como homem, caminhou pela Terra entre pessoas como nós, os instruídos e os não instruídos, aqueles de religiões diferentes e os sem religião.

— Você já ouviu este homem Jesus? —perguntou um dos fariseus.

A pessoa ao seu lado respondeu rapidamente.

— Sim, mas como de costume, é apenas uma agitação emocional da multidão. Não acredito que nada disso seja verdade. Que milagre?

Sempre se pode subornar alguma pobre alma para dizer que recebeu um milagre. Nós sabemos o que as Escrituras dizem, que nosso amado Messias, quando Ele vier... — seu tom baixou em reverência — Ele virá de Belém como nosso nobre Profeta Miquéias nos instruiu. Ouvi dizer que este sujeito vem da Galileia, de Nazaré, e desde quando vem algo bom de Nazaré?

— Você tem razão, meu amigo, mas as pessoas estão realmente encantadas com Ele — foi a resposta em tom de preocupação.

— Não se preocupe, meu irmão, o Sinédrio (tribunal judaico) dará um jeito nele!

E foi isso que aconteceu. O Sinédrio realmente deu um jeito em Jesus, chamado de Cristo, e o cristianismo começou pregando um homem na cruz, esperando até que seu corpo morresse.

Mas houve grande significado no derramamento do sangue de Jesus Cristo. Como a Bíblia explica:

*"Sem derramamento de sangue não há perdão".* (Hebreu 9:22, NVI)

E como o T.B. Joshua disse:

> O sangue que Jesus Cristo derramou na cruz do Calvário é o bem mais precioso da história da humanidade.

Claro, muitos que O viram morrer na carne na cruz também testemunharam Sua ressurreição!

Exatamente como foram feitas acusações ao nosso Salvador, Jesus Cristo, elas continuaram sendo feitas ao longo da história do cristianismo. T.B. Joshua é um dos muitos, em uma longa lista de crentes fiéis, que teve seu caráter difamado e suportou prisão física, campanhas de difamação e falsas acusações.

Ao estudar a Bíblia e a história cristã, fica claro que as pessoas podem ter dificuldades para compreender e valorizar a maneira que Deus Todo-Poderoso trabalha na vida de cada cristão. Isso acontece, sejam eles bispos, pastores, sacerdotes, ministros, profetas, místicos, monges, freiras ou humanitários notáveis e se aplica a todas as divisões denominacionais.

Os cristãos cuja vida e influência piedosa resistiram ao teste do tempo e sobreviveram às suas vidas físicas parecem ter várias características em comum, sejam protestantes, católicos, ortodoxos, carismáticos, metodistas, batistas, reformados, pentecostais, adventistas ou outros.

Quais são essas características?

- A Bíblia era seu Livro mestre; eles viviam na Palavra;
- Eles viveram uma vida consagrada (separados);
- Suas vidas mostram evidências de terem uma mente independente, uma mente que descobre a verdade somente de Deus;
- A humildade é evidente neles.

## Deixe isso para Deus

T.B. Joshua disse em muitas ocasiões que a maneira e a forma que Deus trabalha na vida das pessoas são diferentes. Deus pode instruir o Pastor A de uma forma e, o Pastor B de outra. Um ministro pode ter um relacionamento profundo com Deus e outro pode ter um relacionamento ainda mais profundo. Comparações carnais de ministros de Deus são perigosas e tendem a depender muito de nossa cultura e visão de mundo, isto é, as lentes pelas quais percebemos as coisas e, portanto, fazemos um juízo de valor precipitado.

A Bíblia deixa claro que é Deus quem julgará aqueles que afirmam ser Seus servos. O apóstolo Paulo coloca isso da seguinte maneira:

*"Quem é você para julgar o servo alheio? É para o seu senhor que ele está em pé ou cai."* (Romanos 14:4, NVI)

Ele aplicou esse princípio em sua própria vida e na vida das outras pessoas:

*"Portanto, que todos nos considerem servos de Cristo e encarregados dos mistérios de Deus. O que se requer desses encarregados é que sejam fiéis. Pouco me importa ser julgado por vocês ou por qualquer tribunal humano; de fato, nem eu julgo a mim mesmo. Embora em nada minha consciência me acuse, nem por isso justifico a mim mesmo; o Senhor é quem me julga. Portanto, não julguem nada antes da hora devida; esperem até que o Senhor*

# A VIDA É UM CAMPO DE BATALHA

*venha. Ele trará à luz o que está oculto nas trevas e manifestará as intenções dos corações. Nessa ocasião, cada um receberá de Deus a sua aprovação."* (1Coríntios 4:1-5, NIV)

Como T.B. Joshua disse: "Os servos de Deus, grandes e pequenos — Deus os julgará".

Gamaliel falou no livro de Atos 5:38-39 em um momento de controvérsia sobre o ministério de Pedro e dos outros apóstolos em Jerusalém, e seu conselho é tão pertinente agora como foi há 2.000 anos:

*"Portanto, neste caso eu os aconselho: deixem esses homens em paz e soltem-nos. Se o propósito ou atividade deles for de origem humana, fracassará; se proceder de Deus, vocês não serão capazes de impedi-los, pois se acharão lutando contra Deus."* (NVI)

Demos Shakarian foi um fazendeiro e fundador da Full Gospel Businessmen's Fellowship. Sua história é contada no livro *Happiest People on Earth* (O Povo Mais Feliz da Terra, em português), que narra como ele teve um encontro com um evangelista que parecia ter problemas com a ganância, nos dias de avivamentos das grandes tendas nos Estados Unidos no final da década de 1940. Na última noite da campanha, esse evangelista, que pediu às pessoas que doassem de maneira especialmente generosa para a reunião final, foi pego se preparando para fugir com todas as ofertas.[19]

Demos quis detê-lo, mas fez uma pausa e, como um lampejo de inspiração, ele se lembrou de quando Davi se aproximou de Saul na caverna, mas decidiu, por respeito a Deus, não machucar Saul por ele ser um ungido de Deus, mas deixá-lo por conta de Deus (1Samuel 24:10).

Ele ouve uma voz, que mal reconhece como sua, dizendo: "Não toque nele" para os obreiros, que queriam impedir o evangelista de sair. Dirigindo-se a ele enquanto ele estava ocupado enfiando notas de um dólar em uma grande sacola marrom, Demos disse: "Deus não provê Seu dinheiro por esses métodos; eu não acredito que Deus irá abençoá-lo". Após seis anos, o evangelista errante apareceu em sua fazenda "magro,

---

19 Shakarian, D., Sherrill, J.L. and Sherrill, E. (1975). The Happiest People on Earth (O Povo Mais Feliz da Terra, em português). Chosen Books. pp. 103-105

com a barba por fazer e malvestido". Ele estava pedindo dinheiro. Três anos depois, Demos soube que ele havia falecido.

Por que essa história é importante? Porque ela fala da posição que Deus ocupa em nossa vida. A Bíblia nos mostra que Deus sabe o que fazemos em público e secretamente.

*"Insensatos, procurem entender! E vocês, tolos, quando se tornarão sábios? Será que quem fez o ouvido não ouve? Será que quem formou o olho não vê? Aquele que disciplina as nações os deixará sem castigo? Não tem sabedoria aquele que dá ao homem o conhecimento? O Senhor conhece os pensamentos do homem, e sabe como são fúteis."* (Salmo 94:8)

Deixe isso por conta de Deus! Na verdade, temos que ter um cuidado especial para não falarmos contra a obra do Espírito Santo (Mateus 12:32).

## Você estava lá quando eles crucificaram o Senhor?

Ao abrirmos o portal da história, é fácil acreditar que não seríamos como aqueles que não reconheceram Jesus Cristo; mas, realisticamente, esse não é o caso. Jesus leva tempo para lembrar aos aprendizes de Seus dias que, embora eles tivessem construído os túmulos dos profetas para homenageá-los, eles os perseguiriam se estivessem vivos naquela época. Esse relato está em Lucas 11:47-48. Eles não ficaram felizes em ouvir isso.

Então Pedro, em seu famoso sermão de Atos 2:36, ministra uma mensagem incisiva:

*"Portanto, que todo o Israel fique certo disto: Este Jesus, **a quem vocês crucificaram**, Deus o fez Senhor e Cristo".* (Ênfase adicionada)

Como será que teríamos agido, por volta do ano 30 d.C., se tivéssemos feito parte da multidão em Jerusalém? A realidade é que é bem provável que teríamos seguido a maioria que, tendo recebido Jesus Cristo com folhas de palmeira e gritado: "Hosana!", alguns dias depois exigiu de Pilatos: "Crucifique-O!" Pilatos, em outro dia estressante tentando governar aquela região problemática, "lavou as mãos" literalmente sobre o assunto e, por simples conveniência, optou por satisfazer à multidão e manter o apoio dos líderes religiosos. Até mesmo Pedro, um dos discípulos mais próximos de Jesus, O negou quando as coisas ficaram muito difíceis.

Essas atitudes não foram tomadas devido a uma convicção de que Jesus Cristo merecia a morte, mas sim pela ausência de uma convicção suficientemente forte para enfrentar a maioria, visto que o potencial custo pessoal seria alto.

Ainda nos lembramos de alguns versos de uma canção folclórica cristã dos anos 70:

> *Você participou quando eles começaram a cantar*
> *Crucifique-O, crucifique-O?*
> *Eu sei que foi você porque eu estava lá também*
> *Quando o mundo disse: "Não!"*[20]

## Controvérsia cristã

Podemos ver exemplos mais recentes disso em ministros de Deus controversos, que durante a vida receberam a mesma medida entre aqueles que acreditavam que Deus os usava poderosamente e aqueles que pensavam exatamente o contrário. Um desses ministros de Deus foi Smith Wigglesworth (1859-1947), da Inglaterra, conhecido como o "Apóstolo da fé". Após sua morte, sua história foi relatada no conhecido livro de Roberts Liardon, God's Generals (Os Generais de Deus, em português), e era possível encontrar seus sermões amplamente disponíveis nas livrarias cristãs. Ele é mais conhecido agora do que quando estava vivo. Em sua época, muitos o consideravam uma pessoa estranha e controversa e, muitas vezes, havia algum estigma associado a quem participava de suas reuniões.

Diferenças em questões doutrinárias e práticas entre os crentes estavam e estão na ordem do dia. Não se engane sobre isso; essa é a mensagem da história. Se não tomarmos cuidado, os heróis do passado podem ser vistos através de uma névoa idealista ou julgados como se tivessem

---

20  Graham Kendrick. Copyright © 1974 Make Way Music

atuado na cultura de hoje. Os heróis de hoje podem ser facilmente ignorados, mal compreendidos e criticados durante a vida deles.

John G Lake (1870-1935) ainda hoje é criticado e reverenciado. Ele sofreu acusações de praticar medicina sem licença, e os indiscutíveis milagres ocorridos em seu ministério ficaram como duvidosos, porque alguns disseram que ele não passava de um charlatão.

Charles Finney (1792-1875), conhecido como o "Príncipe dos evangelistas", inspirou Billy Graham e muitos outros. Ele foi polêmico e atraiu campanhas de difamação, mas é lembrado por inspirar o que ficou conhecido como o Segundo Grande Despertar nos EUA e o uso do "banco dos penitentes" durante suas reuniões. G. Frederick Wright, que trabalhou com Charles Finney por 30 anos, lembra como um determinado período de avivamento foi prejudicado por amargas discussões denominacionais (nesse caso, sobre o batismo de novos crentes). Isso quase fez com que a bela obra de Deus, que estava sendo realizada, fosse abruptamente interrompida. As reuniões de Charles Finney receberam muitas críticas e orquestraram campanhas de calúnia, mas dentre os que criticavam, alguns, mais tarde, mudaram de opinião e se maravilharam.

Hoje, no mundo todo, Rees Howells (1879-1950) é reverenciado pelos crentes como um exemplo de homem justo, imbuído do Espírito de Deus, que assumiu um ministério de intercessão durante a Segunda Guerra Mundial. Suas orações são creditadas como sendo poderosa e eficazes, como as de Elias da antiguidade. No entanto, ele previu publicamente que a guerra (2a Grande Guerra) terminaria em 1940, mas aconteceu o oposto, e nessa época ela estava apenas começando. A imprensa retratou isso como uma falha, o que fez com que a opinião pública se voltasse contra ele e contra a Faculdade Bíblica Galesa que ele havia fundado. Isso não impediu aquele homem piedoso de Gales, e ele aceitou o chamado para a guerra espiritual em oração ainda com mais determinação, sabendo que Deus tem algo a dizer em todas as situações.[21]

---

[21] Ruscoe, D.M. (2003). *The Intercession Of Rees Howells* (A intercessão de Rees Howells). Lutterworth Press.

# A VIDA É UM CAMPO DE BATALHA

Na Grã-Bretanha do século XVIII, a controvérsia teológica era abundante. Nesse contexto, um dos ataques mais violentos contra John Wesley (1703-1791) foi um ataque teológico. A chamada "Controvérsia das Atas" (referindo-se às atas de uma das conferências de Wesley) durou de 1770 a 1775. John Wesley foi acusado de "terrível heresia" que era "prejudicial aos princípios fundamentais do cristianismo", e recebeu ordens de muitos ministros proeminentes para retratar o que foi registrado em suas atas de agosto de 1770. Ele estava expandindo algo que havia dito em 1744, "Nós nos inclinamos muito para o Calvinismo", declarando, por exemplo:

> Falar de um estado justificado ou santificado não tende a enganar os homens? Quase naturalmente levando-os a confiar no que foi feito em um momento? Considerando que estamos a cada hora e a cada momento agradando ou desagradando a Deus, de acordo com nossas obras: de acordo com todo de nosso temperamento interior e nosso comportamento exterior.[22]

Por esta expressão de "cristianismo prático", seu nome foi manchado e muitos se voltaram contra ele.

E assim chegamos a T.B. Joshua — profeta, pastor, professor, humanitário, pai no Senhor para muitos — e à Sinagoga, Igreja de Todas as Nações.

Por mais de duas décadas, tivemos uma "cadeira na primeira fila" e a oportunidade de observar a intensidade dos esforços para impedir que este ministério poderoso avançasse. Desde os primeiros tempos de nosso envolvimento com este mover de Deus, recebemos inúmeras opiniões negativas de toda parte sobre o T.B. Joshua, sem contar os falsos testemunhos e as acusações divulgados para o mundo todo, campanhas de difamação, ataques malignos e calúnias.

> A vida não é um mar de rosas. É um campo de batalha onde somente os sérios são vitoriosos." (Veja 2Timóteo 2:3-4.)

Qualquer pessoa que busca a verdade precisa de paciência e de uma mente independente e deve levar em consideração o caráter e o

---

22 Fletcher, J. (1795). *First check to Antinomianism...* (Primeira verificação do antinomianismo) G. Paramore. p. 7

histórico do homem T.B. Joshua que tem exaltado o nome de Jesus Cristo com sinais, maravilhas e milagres de cura. Isso tem sido algo consistente por mais de 30 anos. Há muitos casos, muitos deles gravados em vídeo para a posteridade. Além disso, há o ensino profundo da Bíblia e a constante recomendação para que os ouvintes tornem a Palavra de Deus seu padrão de vida e sua meditação diária.

Mateus 7:18 explica: *"Não pode a árvore boa produzir frutos maus, nem a árvore má produzir frutos bons".*

Não existe um reino neutro! As trevas no coração humano sem Deus e o ódio por Cristo e pelo Evangelho cristão são reais. A raiva contra Deus é observada diariamente no mundo ocidental. O livro de Gênesis nos lembra que nos dias de Noé (como hoje),

*"...toda a inclinação dos pensamentos do seu coração era sempre e somente para o mal."* (Gênesis 6:5, NVI)

O profeta Jeremias proclamou a mesma verdade:

*"O coração é mais enganoso que qualquer outra coisa e sua doença é incurável. Quem é capaz de compreendê-lo?"* (Jeremias 17:9)

C.S. Lewis (um professor e teólogo do século XX) reverbera isso:

> Só descobrimos a força do impulso maligno que há dentro de nós quando tentamos lutar contra ele. [23]

# Falso testemunho

Os Dez Mandamentos são um conjunto de princípios bíblicos relacionados à ética e à adoração que desempenham um papel fundamental no judaísmo e no cristianismo. Por séculos, eles moldaram as democracias cristãs ocidentais, definindo regras para a vida civil tanto de pessoas religiosas quanto não religiosas. Como princípios básicos da fé cristã, as crianças costumavam aprender os Dez Mandamentos nas Escolas Dominicais junto com o Pai Nosso.

O nono mandamentos é este: "NÃO dirás falso testemunho contra o

---

[23] Lewis, C.S. (1952). *Mere Christianity* (Cristianismo Puro e Simples, em português). Macmillan. p. 78

teu próximo".

Como muitos outros comportamentos pecaminosos, o falso testemunho é o produto natural de um coração corrupto:

*"Porque do coração procedem maus desígnios, homicídios, adultérios, prostituição, furtos, falsos testemunhos, blasfêmias." (Mateus 15:19)*

Basta que a amargura ou a ofensa crie raízes no coração, e todos os seus companheiros maus, incluindo o falso testemunho, apareçam.

Na história cristã, alegações falsas, campanhas difamatórias, comentários caluniosos, escritos caluniosos e campanhas de calúnia em ação conjunta têm sido abundantes. Isso não deve nos surpreender, pois nosso inimigo, Satanás, não quer ver o Evangelho prosperar. E Satanás usará impiedosamente todo tipo de fraqueza humana para seus fins para depois levar à queda e à miséria quem se deixou usar.

*"Porque a nossa luta não é contra o sangue e a carne, e sim contra os principados e potestades, contra os dominadores deste mundo tenebroso, contra as forças espirituais do mal, nas regiões celestes." (Efésios 6:12)*

A acusação falsa é descontrolada, como os outros pecados do coração, tais como a luxúria e a raiva. Pode ser uma estratégia simples e eficaz usada pelo maligno para derrubar um ministro ou um ministério. A questão não são, necessariamente, as acusações em si, mas o efeito de plantar sementes de dúvida no coração das pessoas. Essas sementes de dúvida então podem germinar e crescer, tirando os crentes de seu destino glorioso e os levando para um estilo de vida desgastado e cínico, em que os cultos religiosos passam a ser um dever.

Com base nas Escrituras, observamos que, quando acreditamos em uma mentira, não só regredimos para uma posição neutra; mas também corremos o risco de nos tornarmos evangelistas para espalhar fofocas, boatos e mentiras que distorcem a verdade. Qualquer um pode ser Pedro; qualquer um pode ser Judas! Ofender e mentir podem ser endêmicos. O Salmo 12:2 nos lembra que:

*"Falam com falsidade uns aos outros, falam com lábios bajuladores e coração fingido."*

Provérbios 6:16-19 nos ensina que:

*"Seis coisas o Senhor aborrece, e a sétima a sua alma abomina: olhos altivos, língua mentirosa, mãos que derramam sangue inocente, coração que trama projetos iníquos, pés que se apressam a correr para o mal, testemunha falsa que profere mentiras e o que semeia contendas entre irmãos."*

Ofensa, ódio, amargura, inveja, ciúme, pobreza e desejo por dinheiro ou notoriedade podem levar muitos a subverter a verdade. Já vimos isso acontecer. A verdade não muda, mas as pessoas não só podem como mudam sua "história" dependendo do que desejam alcançar em um determinado momento. Testemunhamos isso em diferentes ocasiões.

Em um contexto completamente diferente, isso também ficou claro para Fiona quando cumpriu seu dever de fazer parte de um júri no Reino Unido.

*Nós, 12 jurados, vindos do Reino Unido multicultural, recebemos uma severa palestra do juiz antes de começarmos a considerar as provas referentes a uma acusação grave. O juiz explicou que as pessoas mentem por vários motivos e também choram e demonstram emoção mesmo quando estão mentindo. Era um caso complexo e, a princípio, as histórias pareciam bastante convincentes, mas passaram a ter menos peso à medida que o julgamento foi avançando. No final, 10 dos 12 jurados estavam prontos para declarar o réu "inocente".*

No mundo da política, as campanhas de difamação são simplesmente parte de um arsenal político obtido antes de uma campanha. No vernáculo, "se você jogar lama suficiente em uma pessoa, parte dela ficará grudada".

Algumas campanhas são planejadas para tirar uma pessoa da Terra. A vinha de Nabote é um desses relatos na Bíblia. A passagem de 1Reis 21, versículos 9 a 14, relata a história de Jezabel e seu uso deliberado de falsa acusação para tirar a vida de um homem inocente:

*"E escreveu nas cartas, dizendo: Apregoai um jejum e trazei Nabote para a frente do povo. Fazei sentar defronte dele dois homens malignos, que testemunhem contra ele, dizendo: 'Blasfemaste contra Deus e contra o rei'. Depois, levai-o para fora e apedrejai-o, para que morra. Os homens da sua cidade, os anciãos e os nobres que nela habitavam fizeram como Jezabel lhes ordenara,*

# A VIDA É UM CAMPO DE BATALHA

*segundo estava escrito nas cartas que lhes havia mandado. Apregoaram um jejum e trouxeram Nabote para a frente do povo. Então, vieram dois homens malignos, sentaram-se defronte dele e testemunharam contra ele, contra Nabote, perante o povo, dizendo: 'Nabote blasfemou contra Deus e contra o rei'. E o levaram para fora da cidade e o apedrejaram, e morreu. Então, mandaram dizer a Jezabel: Nabote foi apedrejado e morreu."*

Quando Neemias estava seguindo a instrução de Deus para construir os muros de Jerusalém, foram feitas várias tentativas nefastas para fazê-lo abandonar o trabalho. Uma das respostas de Neemias foi se recusar a se envolver com os supostos relatórios devido ao que Neemias 6, versículo 9, diz: *"Porque todos eles procuravam atemorizar-nos, dizendo: As suas mãos largarão a obra, e não se efetuará".*

Ao término da obra, a Bíblia afirma que os inimigos perceberam que a obra fora feita por Deus.

A perseguição sofrida por T.B. Joshua na Nigéria também foi algo fora do comum. No decorrer dos anos, o nível de acusações diversificadas e cáusticas feitas contra o ministério em inúmeras mídias impressas e em sites online foi inacreditável. Houve reuniões de oração e rituais para acabar com o ministério, e os habitantes locais foram persuadidos a espalhar mentiras e a protestar segurando cartazes do lado de fora da igreja.

Enquanto todo esse barulho acontecia, nós estávamos serenamente levando grupos para a SCOAN. Os testemunhos mais consistentes foram que os visitantes se achegaram a Deus e voltaram para seus países tornando-se membros mais ativos de suas várias igrejas locais.

Temos testemunhado ao longo dos anos como, face a uma miríade de acusações, T.B. Joshua continuou mantendo sua atenção em seu objetivo de proclamar as boas novas de Jesus Cristo e libertar os cativos:

> Não é o que os homens dizem sobre você que realmente importa na vida; mas sim o que você acredita sobre si mesmo. Jesus foi caluniado; Ele foi acusado falsamente. Ele nunca implorou a ninguém que acreditasse Nele. Eles acusaram Jesus de estar cheio de demônios! Mesmo assim, Ele não deu atenção a isso. Ele simplesmente continuou expulsando demônios (Mt 12:24).

As pessoas sempre lutam contra o que não entendem. Ao longo da história humana, os homens de Deus tiveram seus nomes denegridos e manchados. Acusações e calúnias vêm contra grandes líderes políticos, bem como contra ministros de Deus. Na vida, isso é uma realidade. Daniel, por exemplo, foi acusado de infringir a lei. José foi falsamente acusado de estuprar a esposa de seu patrão. Sabendo de tudo isso, Jesus nunca perdeu Seu tempo com Seus críticos. Ele simplesmente manteve o foco em Seu objetivo.[24]

## O Interesse na TV Azedou

No início, houve algum interesse internacional das emissoras no que estava acontecendo na SCOAN, especialmente, no que dizia respeito à cura. No entanto, a SCOAN não é um lugar comum, e os motivos são importantes. O Espírito Santo expõe os verdadeiros motivos e aqui está um exemplo tão ridículo que vale a pena ser examinado para entender o que está por trás dele.

Nos primeiros dias, antes da Emmanuel TV, uma equipe de TV de uma produtora independente do Reino Unido recebeu permissão para visitar e gravar partes de um culto e várias entrevistas. Eles disseram que estavam trabalhando para a BBC e fizeram muitos elogios durante a visita, fizeram até entrevistas positivas ao vivo com os visitantes sobre a experiência deles. No entanto, tudo isso não passou de uma forma de nos enganar. Embora o título provisório do programa fosse "Cristianismo Mundial", o resultado final foi transmitido no Canal 4, em junho de 2004, com o título "Deus é Negro".

Assistimos incrédulos enquanto o programa retratava conversas simples de evangelistas locais no idioma local (iorubá) como sinistras, e uma entrevista com T.B. Joshua foi editada de uma forma muito enganosa. Mesmo as fotos da fila de oração tinham uma música de fundo assustadora.

Naquele ponto, não havia nenhuma presença do ministério no Reino Unido, nenhuma Emmanuel TV, nenhum evento gospel internacional

---

24  T.B. Joshua, *Conhecer a Verdade é Conhecer Jesus Cristo*, folheto da SCOAN disponível em 2001

e mesmo assim, aqui estava uma tentativa clara de difamar o ministério no Reino Unido.

Em outra ocasião, quando havia algumas reuniões regulares para oração no Reino Unido, alguns repórteres disfarçados mostraram relatórios médicos de problemas graves de saúde, fingindo estar desesperados e pedindo oração.

— Por favor, você vai me ajudar? Quero oração para o problema de saúde x — suplicante a jovem juntou as mãos, seus olhos escuros nos olhavam implorando. Estou participando há quatro semanas; por que você não pode orar por mim? Aqui está o meu relatório médico.

A equipe estava se preparando para uma das reuniões regulares de oração com a água da unção.

A oração pelos enfermos faz parte da liturgia cristã desde os tempos do Novo Testamento, embora a forma e a maneira como é feita variem entre as tradições cristãs. Talvez, o mais importante, é que o êxito da oração feita em nome de Jesus Cristo pode depender da fé tanto de quem ora como de quem recebe a oração. No entanto, isso é amplamente aceito e, portanto, é muito estranho que esse culto feito durante o dia, aberto ao público e sem qualquer sugestão de envolvimento de dinheiro tenha recebido atenção de uma mídia secreta.

Por que tínhamos certeza de que algo estava errado com a história da mulher? Só pode ter sido o Espírito Santo nos avisando que o que vimos ali não era toda a história. Explicamos que ainda não era o momento certo para orar por ela; mal sabíamos que a mulher estava tentando armar uma cilada para que sua equipe de câmeras disfarçada a visse recebendo orações e ficasse livre para fazer suas denúncias. Frustrada com nossa recusa, mesmo assim, uma história totalmente imprecisa foi publicada (incluindo a foto de Fiona) na versão online de um jornal conhecido.

Mais tarde, a mídia invadiu um culto matinal de domingo com suas câmeras abrindo caminho entre os obreiros. Não tínhamos ideia do que eles esperavam ver! Não foi uma grande reunião, e o culto já havia terminado, por isso, tivemos tempo para uma boa xícara de chá juntos e para bater um papo enquanto a equipe estava atendendo aos visitantes.

A maioria dos participantes já havia saído quando a equipe do telejornal abriu caminho. Eles abordaram uma pessoa da equipe com sua câmera e microfone e exigiram saber por que estávamos desencorajando certos pacientes de tomar medicamentos (o que não era verdade). Ela os informou que ficaríamos felizes em agendar uma reunião com eles, mas que precisávamos terminar de atender às pessoas que estavam lá. Eles insistiram para tentar obter um comentário, mas não chegaram a lugar algum com isso. Pensamos que, provavelmente, eles tinham errado o horário do culto e estavam esperando entrar no meio do culto. Um membro da equipe tentou bloqueá-los colocando a mão na frente da câmera, fornecendo assim um clipe que eles acabaram usando na transmissão para dar suporte à narrativa totalmente infundada deles.

## 12 DE SETEMBRO DE 2014

Em 12 de setembro de 2014, fizemos uma visita a um aluno bolsista da SCOAN que estudava na Universidade de Oxford e voltamos para casa com a notícia de que havia ocorrido um grave incidente na SCOAN, em Lagos. Um prédio que abrigava visitantes internacionais tinha desabado repentinamente e parecia haver muitas vítimas. "A maior provação desde que começou meu chamado" foi como T.B. Joshua descreveria essa tragédia.

Esse não foi o único desastre internacional ocorrido naquele mesmo ano, em que as coisas não ficaram imediatamente claras quanto ao que realmente havia acontecido. Por exemplo, houve dois aviões da Malaysia Airlines que caíram; um caiu no Mar da China Meridional; e o outro, no leste da Ucrânia. Quando ocorrem incidentes graves desse tipo no cenário internacional, é comum que diferentes observadores exponham teorias sobre o que pode ter acontecido. A mídia social costuma estar repleta de sugestões, algumas fantasiosas e outras mais plausíveis. No entanto, fontes oficiais próximas ao incidente costumam ser mais cautelosas e recomendam esperar até as investigações oficiais serem realizadas para se chegar a conclusões.

# A VIDA É UM CAMPO DE BATALHA

No entanto, no caso do incidente da SCOAN, funcionários do governo local foram imediatamente citados por fazerem prejulgamento sobre o que havia acontecido sem examinar ou mesmo sem ter conhecimento das evidências. Eles pareciam estar dando apoio a uma campanha de notícias que chegaram a outros países na mesma tarde, já retratando o T.B. Joshua como o vilão da história. Nada poderia estar mais longe da verdade, mas a campanha de difamação persistiu. Parece que houve uma campanha específica para irem à imprensa com ataques ao ministério. Uma das narrativas disseminadas foi que as pessoas da igreja não ajudaram nas operações de resgate. Já, ao contrário disso, a Cruz Vermelha nigeriana ao fornecer evidências reais disse o oposto:

> As autoridades da igreja agiram bem e foram prestativas conosco. Eles se empenharam muito nas operações de resgate. E posso afirmar, categoricamente, que eles nunca nos impediram de fazer nosso trabalho. Em vez disso, seus esforços, de fato, supriram nossas deficiências.[25]

O momento real do desabamento do edifício foi registrado por câmeras de segurança CCTV, mostrando todo o edifício caindo sobre si mesmo simétrica e completamente em menos de 4 segundos, sem afetar os edifícios adjacentes.

*Imagens de CCTV mostrando todo o edifício desmoronando simetricamente*

A natureza do colapso aponta claramente para uma demolição controlada, ou "implosão de edifícios", do tipo empregado para demolir edifícios indesejados sem afetar os terrenos adjacentes, e não para qualquer falha estrutural. O Sr. Derrick Garvey, um arquiteto sul-africano com mais de 50 anos de experiência, foi inequívoco ao falar sobre o incidente na TV Nacional da África do Sul: "Quando o prédio cai sobre si mesmo em uma nuvem de poeira, não pode ser outra coisa... Foi uma demolição controlada por meio de implosão. Não há a menor sombra de dúvida a esse respeito".[26]

---

25   Colapso do edifício da Sinagoga: Testemunhas defendem a igreja enquanto médico-legista reduz os temores de um processo, The Maravi Post, 30 de outubro de 2014
26   Sala de redação, 31 de julho de 2015. Canal do Youtube da SABC News, 31 de julho de 2015

Essa demolição precisa ser meticulosamente planejada para garantir que o edifício permaneça dentro de sua área. Normalmente, são empregados pequenos explosivos que são distribuídos estrategicamente, embora também possam ser usadas bombas hidráulicas e, com planejamento e preparação adequados, outras técnicas podem desencadear uma implosão.

As imagens da CCTV e os vídeos gravados por testemunhas também mostram claramente que havia uma aeronave voando baixo perto do prédio e o circulou quatro vezes na manhã do colapso. Essa aeronave foi vista claramente e era um Hercules C130 de propriedade da Força Aérea Nigeriana. As autoridades reconheceram isso oficialmente, mas nenhuma explicação ou detalhes foram dados, exceto que se tratava de uma "missão de treinamento em circuito". Tínhamos visitado a SCOAN dezenas de vezes, passamos muitos meses morando lá, mas nunca havíamos visto uma aeronave semelhante àquela antes.

A presença daquele avião na área, especificamente naquela manhã, poucos minutos antes da implosão, é indiscutível, mesmo que não haja nenhuma evidência direta do que a aeronave estava fazendo.

Há várias teorias sobre isso. Por exemplo, um artigo acadêmico de julho de 2015 postula que, provavelmente, a destruição do edifício da SCOAN foi causada por uma arma infrassônica que o avião portava.[27] Um outro artigo de fonte particular explica como um laser químico poderia ter sido usado a partir do avião para acionar os explosivos que causaram a implosão.[28]

Em dois artigos publicados em junho de 2017, um ex-Ministro da Cultura e Turismo e Ministro da Aviação da Nigéria argumenta que o edifício SCOAN foi implodido em uma operação secreta conduzida por agentes desonestos que faziam parte das agências de inteligência. O autor afirma ter sido informado disso por agentes que trabalham dentro das agências e explica com alguns detalhes as possíveis

---

27 Iguniwei, P. B. (2015). *Eliminação da Falha Estrutural e Opções de Posicionamento de Explosivos Químicos...* International Journal of Scientific Engineering and Research (Jornal Internacional de Engenharia e Pesquisa Científica) 3 (7)
28 *Um exame completo do colapso do edifício da SCOAN anula algumas teorias,* The Maravi Post, 23 de outubro de 2014

motivações políticas e religiosas para aquele ataque.[29,30] Independentemente de essa explicação ser ou não plausível ou ser uma teoria da conspiração, o que sabemos com certeza é que o conspirador final, Satanás, queria destruir o ministério de T.B. Joshua.

## Mantendo o foco mesmo sob pressão e tensão

A resposta do profeta, um "General de Deus" do nosso tempo, ao desafio que o ministério enfrentou em 2014 na época do desabamento do edifício foi instrutiva e tivemos o privilégio de ver essa resposta em ação.

Vamos recuar um pouco no tempo e examinar a situação à medida que ela foi se desenrolando.

Houve um evento extraordinário na Colômbia, com o Estádio Olímpico lotado. T.B. Joshua planejava descer do monte onde estava hospedado em uma acomodação rústica para orar antes do evento no estádio e se mudar para um lugar onde pudesse ser mais acessível para os visitantes o conhecerem.

Mas o aviso de Deus foi o seguinte: "Uma nuvem está cobrindo a Nigéria. Volte para o Prayer Mountain (Monte de Oração), o lar dele na Nigéria, e ore. E mais uma coisa, compre um novo sistema CCTV (Circuito Fechado de Televisão) para Ikotun Egbe".

Isso aconteceu em julho, e a instrução foi obedecida. Na sexta-feira, 12 de setembro, o dia do "ataque", o homem de Deus estava orando no Prayer Mountain (Monte de Oração) quando chegaram notícias de um avião estranho estar sobrevoando em círculos a SCOAN.

Esse ataque maligno foi tratado como tal pela reação serena do homem de Deus, que tomamos como exemplo para nós.

A perda de foco é o verdadeiro motivo do fracasso dos homens.

---

29  *Femi Fani-Kayode: Como o edifício da igreja de T.B. Joshua foi bombardeado [Parte 1]*, Daily Post, 5 de junho de 2017
30  *Femi Fani-Kayode: Como o edifício da igreja de T.B. Joshua foi bombardeado [Parte 2]*, Daily Post, 7 de junho de 2017

Mesmo em meio a essa terrível provação, seu foco não mudou. Evitando o pânico, ele organizou calmamente os evangelistas em equipes de resgate usando as ambulâncias presentes "profeticamente" no local. O tempo inteiro ele se manteve em atitude de oração. Houve muitos mártires naquele dia, mas muitas pessoas também foram resgatadas e puderam contar suas histórias inusitadas.

Durante o culto de domingo após a sexta-feira fatídica, o homem de Deus foi visto com o foco inalterado e firme por todos aqueles que assistiam à Emmanuel TV e por aqueles que estavam fisicamente presentes na igreja. A fila de oração continuou acontecendo enquanto as operações de resgate das pessoas que ficaram presas sob os escombros estavam em andamento.

Chegamos à SCOAN apenas uma semana após o incidente e pudemos ver o foco inabalável em ação.

Tivemos o privilégio de nos juntar a uma equipe com destino à África do Sul para encontrar aqueles que perderam parentes nesse ataque. Eles eram pessoas de fé, humildes e preparadas para enfrentar as adversidades da vida pela fé. O amor que se acendeu no coração das pessoas pelo ministério era inspirador, espiritual, divino. A história revelará o que sucederá da vida desses mártires — pessoas que encontraram uma morte inesperada enquanto buscavam a Deus. Eles e suas famílias deram o exemplo, um padrão de comportamento digno de ser imitado. Muitas famílias continuaram recebendo o apoio do ministério para estudar.

Cruzada com T.B. Joshua no México, 2015

Vamos avançar para 2015 no México. Ao olharmos para o estádio asteca lotado (o maior da América Latina) e vermos o nome de Jesus Cristo honrado e exaltado, poucos meses após aquele ataque devastador, agradecemos a Deus porque o foco de Seu servo, o Profeta T.B. Joshua, não havia se perdido. Muitos membros das famílias dos mártires estavam presentes como convidados de honra.

O ataque maligno, por assim dizer, tinha como objetivo incapacitar e ferir mortalmente o ministério. Mas a Deus seja a glória pois, com o decorrer do tempo, o ministério saiu daquela situação mais forte, embora ainda haja mistérios a serem revelados no tempo de Deus.

## Burburinho em Nazaré

Em junho de 2019, T.B. Joshua realizou uma reunião histórica no Monte Precipício em Nazaré, Israel, a cidade natal de Jesus Cristo. Milhares de pessoas de todas as partes do mundo viajaram para lá. Entretanto, antes de o evento ocorrer, houve um burburinho em todo o Israel a ponto de dizerem que o evento seria cancelado.[31]

Líderes religiosos de tradições cristãs e islâmicas apareceram na TV para alertar seus seguidores:

"Mesmo por curiosidade, [nosso povo] não deveria ir; ir seria promover um mentiroso, uma pessoa que não gosta dos benefícios da fé cristã. Esse homem só está promovendo mentiras, e quem segue esse mentiroso é injusto. É por isso que proibimos nosso povo de ir a esse evento."

"Não devemos dar este lugar, que é considerado altamente sagrado, a um feiticeiro. Não devemos permitir que ele use nossa terra para se autopromover. Sou contra essa visita; esse homem está provocando pessoas de todas as religiões em Nazaré. Ele deveria ser banido e não ter nenhuma oportunidade!"

"Boicotar o sionista feiticeiro é um dever nacional e religioso."

Antes do evento, o Monte Precipício foi até mesmo incendiado para impedir que o evento ocorresse. Também houve um protesto, com as pessoas gritando: "Ouçam-nos! Esse bruxo tem que sair do nosso meio! O Monte Precipício jamais será desonrado por você, covarde!"

---

31 *Perseguição é Promoção! Lições de TB Joshua em Nazaré,* postagem no Facebook do ministério T.B. Joshua Ministries em 21 de agosto de 2020

Esse burburinho continuou até mesmo durante o evento. Como T.B. Joshua pregou sobre o amor, grupos religiosos contrários à reunião transmitiram esta mensagem: "Não participe da reunião desse feiticeiro. Ele não passa de um bruxo em nossa terra honrada".

Mesmo depois do evento, um grupo de religiosos realizou um "ritual" no Monte Precipício, alegando que estavam limpando o local bíblico com sal, água e folhas.

Contudo, T.B. Joshua continuou até terminar a tarefa para qual o Senhor o havia enviado para Nazaré, clamar o nome de Jesus Cristo em público, naquele lugar, após 2000 anos. E não apenas isso, também ocorreram curas, libertação, sinais e maravilhas em nome de Jesus.

*"Chamando-os, ordenaram-lhes que absolutamente não falassem, nem ensinassem em o nome de Jesus. Mas Pedro e João lhes responderam: Julgai se é justo diante de Deus ouvir-vos antes a vós outros do que a Deus."* (Atos 4:18-19)

Como T.B. Joshua disse sobre o evento:

> Você só precisa ouvir: "Vá!" lá de cima, do céu. Quem é você para dizer não? Quando Deus diz sim, nenhum homem pode dizer não. O burburinho do norte e do sul e o burburinho do leste e do oeste não importam. Isso só promove.[32]

Tivemos o privilégio de observar todo esse desdobramento diante de nossos olhos. Na verdade, mesmo do ponto de vista do planejamento e da organização, o tempo todo parecia que o evento não conseguiria ir adiante. Mas o Profeta T.B. Joshua tinha ouvido Jesus dizendo: "Vá!" Conforme ele explicou para um dos membros da equipe quando ele questionou se o evento realmente poderia seguir em frente, para ele, já havia acontecido no céu. Cabia a nós apenas nos mantermos firmes na fé.

## Suspensão do YouTube

Em 2021, a Emmanuel TV havia se tornado o canal cristão geral mais assistido no YouTube, com seus vídeos traduzidos em vários idiomas

---
[32] Ibidem.

# A VIDA É UM CAMPO DE BATALHA

e vistos coletivamente mais de um bilhão de vezes. No entanto, em abril de 2021, o YouTube fechou o canal, citando suas Diretrizes da Comunidade que proíbem "discurso de ódio".

Muitos assinantes expressaram seu choque e sua surpresa inundando as redes sociais com pedidos para que o YouTube restaurasse a Emmanuel TV em sua plataforma. Alguns manifestaram o seu desagrado em relação à decisão tomada pelo YouTube em artigos para a imprensa africana. Por exemplo, um dos artigos fez a seguinte reclamação referindo-se ao YouTube:

> Eles afirmam que suas ações foram baseadas em "discurso de ódio" em um vídeo de libertação. Um vídeo que para um verdadeiro crente é um testemunho inspirador de transformação.[33]

Outros comentaristas levantaram preocupações sobre as implicações mais amplas para todos os que defendem os valores cristãos conservadores. Por exemplo, Noah Pitcher, o redator de Política Global do Today News Africa, uma organização internacional de notícias com sede nos EUA com foco na política EUA-África, refletiu que:

> O rótulo de discurso de ódio pode parecer vagamente definido, abrangente e aberto à interpretação subjetiva... Isso levanta muitas preocupações entre as comunidades religiosas sobre a possibilidade de os pastores virem a ser punidos por, meramente, lerem os ensinamentos das Escrituras.[34]

A Nigerian-American Press Association também opinou descrevendo a decisão do Google (a empresa-mãe do YouTube) como "discriminatória".[35]

Neste contexto de potencial tensão e conflito, T.B. Joshua abordou a questão diretamente em uma reunião de parceiros da Emmanuel TV, incentivando os apoiadores a agradecer e a orar pelo YouTube:

> O que aconteceu foi uma benção. Quero que vocês me ajudem

---

[33] *A Tirania das Mídias Sociais Gigantes e a Perseguição Moderna à Igreja,* The Maravi Post, 17 de abril de 2021
[34] *O YouTube caminha na linha perigosa entre tolerância e censura em sua decisão de encerrar o canal do famoso pastor nigeriano T.B. Joshua,* Today News Africa, 21 de abril de 2021
[35] *A proibição do YouTube foi "obra de Deus" - T.B. Joshua,* The Nation (Nigéria), 19 de abril de 2021

> a orar em favor do YouTube. Orem por eles! Não os veja como adversários; mas sim como amigos. Precisamos ser fortes.
>
> Humanamente, sei que a maneira como vocês encaram as coisas é diferente de mim. Eu encaro isso de um outro modo. Lembrem-se de orar pelo YouTube. Muitos de vocês que estão aqui hoje — se não fosse pelo YouTube, provavelmente não estariam aqui. Foi pelo YouTube que vocês assistiram ao T.B. Joshua e puderam vir aqui. Por favor, orem por eles. Encarem isso de um outro jeito.[36]

Ele passou a explicar que, como cristãos, tudo o que estamos passando é para nos preparar para o futuro. O que importa não é o que uma parte ou outra está dizendo, mas o que o futuro diz. Devemos apresentar cada resposta a Deus em oração.

Mais uma vez, o Profeta T.B. Joshua não perdeu o foco em seu relacionamento com Deus. Como o apóstolo Pedro disse:

*"Por isso mesmo, aqueles que sofrem de acordo com a vontade de Deus devem confiar sua vida ao seu fiel Criador e praticar o bem."* (1Pedro 4:19, NVI)

## Propaganda gratuita

T.B. Joshua nunca fez propaganda de seus sermões ou cultos religiosos, mas conseguiu atrair a atenção mundial. O segredo? Perseguição!

> Deixe as pessoas fazerem propaganda de você. Não lute contra elas. Se você realmente é genuíno, tudo o que as pessoas disserem sobre você — quer elas o condenem, denigram seu nome ou elogiem você — será para o seu bem.[37]

John Fletcher, um colega próximo de John Wesley — ele próprio conhecedor de questões polêmicas — quase 300 anos atrás, fez uma observação semelhante, refletindo profundamente sobre como a oposição de Satanás acabou trabalhando para o bem do Evangelho:

> Quanto mais o deus deste mundo degenerado se exalta em oposição à verdade, mais ele dispõe todo coração sincero a

---

36 *Minha resposta à suspensão da Emmanuel TV no YouTube,* postagem do ministério do T.B. Joshua Ministries no Facebook, 18 de abril de 2021
37 Conta oficial do Twitter de T.B. Joshua, 18 de abril 2017

recebê-la. O Evangelho é aquela rocha eterna sobre a qual a Igreja foi fundada, e contra a qual as portas do inferno jamais prevalecerão; e embora essa rocha seja atacada por inúmeras hostes de inimigos visíveis e invisíveis, seus repetidos ataques servem apenas para demonstrar, com uma certeza crescente, sua firmeza inabalável e absoluta impenetrabilidade.

Uma visão clara do bem soberano, conforme apresentado a nós no Evangelho, é suficiente para torná-lo universalmente desejável. No entanto, o véu da desatenção, em grande parte, oculta esse bem soberano, e as névoas do preconceito o obscurecem inteiramente. Mas, devido à conduta desumana dos perseguidores do cristianismo, às suas falsas acusações, às suas tramas secretas e à sua crueldade sem precedentes, com frequência essas brumas são dissipadas e esses véus se rasgam de alto a baixo.

Por esses meios, o erro é involuntariamente exposto à vista do mundo; enquanto todo observador imparcial, atraído pelos encantos da verdade buscada, examina sua natureza, reconhece sua excelência e, por fim, triunfa na posse daquela pérola inestimável que ele uma vez desprezou. Assim, as lágrimas dos fiéis e o sangue daqueles que confessam sua fé em Cristo geralmente espalham e alimentam a semente do Reino.[38]

## O COMPROMISSO AUMENTA A FÉ

A fé ativa transforma as adversidades em ganho.

Na verdade, as coisas tramadas contra o povo de Deus podem contribuir para o seu progresso. A fé deve ser testada em uma situação real. Se você mantiver seu compromisso durante todo o teste, Jesus aumentará a sua fé.

Este capítulo termina com as palavras de um poderoso sermão de T.B. Joshua, explicando por que a perseguição é inevitável e revelando a profunda relação entre fé e compromisso.

---

[38] Fletcher, J. (1804). *The Portrait of St. Paul* (O Retrato de São Paulo). Kirk & Robinson. pp. 116-7.

## O COMPROMISSO AUMENTA A FÉ

*T. B. Joshua, culto de domingo da SCOAN, 12 de agosto de 2018*

*"Se o mundo vos odeia, sabei que, primeiro do que a vós outros, me odiou a mim. Se vós fôsseis do mundo, o mundo amaria o que era seu; como, todavia, não sois do mundo, pelo contrário, dele vos escolhi, por isso, o mundo vos odeia." (João 15:18-19)*

O mundo odeia os discípulos de Jesus e você é um dos discípulos. Se você é um seguidor de Jesus, embora esteja no mundo, você não faz parte dele. Você não faz parte de tudo o que o mundo representa e é por isso que o mundo o odeia. Quando somos discípulos de Jesus, há uma barreira entre nós e tudo que há no mundo.

A partir do instante em que nos identificamos com Jesus Cristo e O aceitamos como nosso Senhor e Salvador genuinamente, o mundo passa a nos odiar. A evidência de que você recebeu Jesus de verdade, genuinamente, é que o mundo passará a odiar você. Pelo fato de o mundo, atualmente, estar sob o controle satânico, ele irá odiá-lo da mesma maneira que odeia Jesus.

Alguns de nós diriam: "Por que devemos sofrer e morrer depois que Jesus conquistou a vitória na cruz e já sofreu por nós?" A resposta é encontrada em João 15:20, em que Jesus disse:

*"Não é o servo maior do que seu senhor. Se me perseguiram a mim, também perseguirão a vós outros."*

Qualquer pessoa que afirma que não tem que sofrer, porque Jesus já sofreu por ela, está contradizendo o que Jesus disse. Em outras palavras, ao dizermos que aceitamos Jesus Cristo como nosso Senhor e Salvador, estamos aceitando a cidadania do Céu e a morte aqui na Terra. Compromisso total é o que Jesus exige em todo o Evangelho.

A doutrina que diz que não haverá sofrimento, nem problemas de saúde, nem adversidades, não está de acordo com a Palavra de Deus; pois um homem, ainda que doente no corpo, pode ser um candidato do Céu, um amigo de Jesus. Um homem pode ser pobre e, ainda assim, ser um dos favoritos do céu.

Não permita que a situação em que está governe você. Hoje, muitos quando ficam doentes, começam a enxergar Jesus por um prisma ruim. Há momentos bons e momentos difíceis em nossa caminhada com o Senhor, quando as coisas vão bem e quando não vão. Aprendemos mais quando as coisas não estão indo bem, e não quando as coisas estão indo do nosso jeito.

Não podemos separar a guerra da salvação. A verdadeira salvação nos colocará em conflito direto com Satanás. Ao se comprometer totalmente com Jesus, você declarou guerra contra Satanás. Ao se identificar com Jesus de Nazaré, você se tornou um grande inimigo de Satanás.

Quando Jesus nos compra, passamos a ser estrangeiros aqui na Terra, forasteiros. Haverá uma barreira entre nós e tudo o que há na Terra. Qual é a barreira? Você não pode ir aonde Jesus não será bem-vindo; você não pode dizer o que Jesus não gostaria de ouvir; você deve ir aonde Ele será bem-vindo.

Antes que você possa ser aceito, o compromisso pede a Jesus que aceite você. Você diz: "Senhor Jesus, sou um pecador. Lave-me com Seu precioso sangue; salve minha alma", e você para de fumar, de ir a baladas, de brigar e de viver com ciúmes. No entanto, até que seu coração aceite o que você está dizendo, você não é assim de coração.

O compromisso pede a Jesus para aceitar você.

Há muitas coisas que você fez ou afirma estar fazendo, mas você não é assim de coração. Por exemplo, você aceitou Jesus como seu Senhor e Salvador e parou de fumar, mas ainda está fumando em seus sonhos. Você vive uma vida restrita; você não é livre; isto é, você sempre vive com desejos — anseios por isso e aquilo. Você diz: "Eu sou um filho de Deus", mas se pega bebendo álcool ou dormindo com mulheres diferentes em seus sonhos. Isso acontece porque você não é assim de coração.

O compromisso é uma ponte, um intermediário, um elo, um intermediário entre nós e Jesus. Compromisso significa "ser sincero de todo o coração". No momento em que assumir um compromisso, você será testado e tentado para mostrar se realmente quer dizer o que está dizendo. O que você diz é real ou está se enganando?

Quando você mantém seu compromisso ao longo do teste, Jesus vai aumentando cada vez mais a sua fé conforme você avança. A fé é uma dádiva pura de Deus. Você não pode crescer na fé se não assumir um compromisso. Somente a fé agrada a Deus.

Se você é um cristão, um crente, um pastor, um bispo, um profeta, ou se você está prestes a ser, a cada passo uma sugestão deverá vir do Espírito para que a ação seja realizada. Sou um servo. Não posso ditar o tipo de direção, posição ou o que dizer; não posso decidir por qual tipo de sofrimento passar.

Você passa a roupa e diz que vai vestir isso na segunda e aquilo na terça — como você sabe se vai viver até lá, visto que você é um estrangeiro, um servo, um estranho aqui na Terra? Esse é um dos grandes insultos cometidos contra Deus.

Qual é a posição de Deus? No dia em que você acorda e diz: "Não sei o que fazer a seguir. Cabe a você, Deus", então você é um cristão, um seguidor de Deus. O temor de Deus está em sua vida.

Nós possuímos o agora; Deus é o dono do nosso futuro. Você assume o agora; Ele assume o seu futuro. Você pode começar agora. Deixe o seu "depois" para Deus.

# Deus pode usar qualquer meio

"Água ungida! Essa água ungida irá para lugares difíceis de alcançar!" Essa foi a orientação dada por Deus. Foi uma instrução na justiça obtida como resultado da busca da face do Deus Todo-Poderoso no Prayer Mountain (Monte de Oração) por parte de T.B. Joshua e, como tal, foi regada por uma oração eficaz e fervorosa.

## ÁGUA UNGIDA

No período entre o primeiro conjunto de eventos evangélicos internacionais (cruzadas) em diferentes países até 2007 e o segundo conjunto desses eventos, que começou novamente em 2014, ocorreu o lançamento da "água ungida", também conhecida como "água da manhã". Ela começou ser distribuída em garrafas maiores, logo as garrafas foram reduzidas para um tamanho que poderia ser oficialmente levado no avião.

Por que água? Bem, Deus pode usar qualquer meio, mas como T.B. Joshua ressaltou, a água pode ser aplicada com segurança em diferentes partes do corpo.

O efeito dessa orientação foi gigantesco; por exemplo, a água ungida distribuída gratuitamente aos visitantes da SCOAN resultou em testemunhos vindos do mundo todo, representando diferentes línguas, culturas, fusos horários e experiências cristãs.

Para algumas pessoas esse dom gratuito era controverso e, para outras partes da cristandade, inteiramente aceitável.

Essas áreas são um mistério. Por exemplo, a água ungida, em termos químicos, é água comum. No entanto, em outros termos, como poderia ser comum? Essa ideia não saiu de uma discussão em uma reunião de diretoria com números, cotas, preços e prazos, e a unção por trás disso é autêntica e poderosa.

## Comissionados para viajar

Como evangelistas do glorioso Evangelho de nosso Senhor e Salvador Jesus Cristo e sob a direção do Profeta T.B. Joshua, chegou um tempo em que fomos enviados por todo o mundo para pregar o Evangelho e orar pelos enfermos e aflitos em nome de Jesus Cristo, usando a água ungida.

Era o início de outubro de 2010, e estávamos visitando a SCOAN em Lagos. Foi um momento difícil em que vários ataques contra o ministério tinham reverberado bastante em nosso país, e fizemos um pedido para vir orar a fim de buscar a face de Deus nesse lugar de fé.

Foi ótimo estar lá, e o interessante é que estávamos esperando algo, mas não sabíamos o que estávamos esperando! Tentamos ser pacientes, mas era um momento de provação. Em uma conversa particular entre nós, lembramos as ocasiões, cinco e seis anos antes, quando tínhamos visitado a Rússia para encorajar os crentes de lá e ajudar alguns a visitar a SCOAN, e como tinha sido bom conhecer os crentes russos.

Pouco antes de partirmos para o aeroporto, recebemos um telefonema pedindo que viéssemos ao gabinete. O que aconteceu em seguida foi como se tivesse saído direto da Bíblia:

*"Respondeu um dos seus servos: Ninguém, ó rei, meu senhor; mas o profeta Eliseu, que está em Israel, faz saber ao rei de Israel as palavras que falas na tua câmara de dormir."* (2Reis 6:11-13)

## DEUS PODE USAR QUALQUER MEIO

Entramos no pequeno gabinete, cientes de que se tratava de uma reunião com o profeta. Até hoje acreditamos que o T.B. Joshua não sabia o que iria nos dizer quando entramos no gabinete. Lentamente, ele pegou um saco com garrafas de água ungida, parou, esperou, parecendo (para nossa observação extasiada) estar ouvindo, e então o encheu até que houvesse 11 ou 12. E então veio a instrução na justiça:

"Vocês são evangelistas. Vão para a Rússia! Deixe-me orar por vocês."

Lenta e deliberadamente, ele juntou nossas mãos, as segurou e orou: "Pai, comprometa-se com a proteção deles, fortaleça o desejo deles por Cristo." Foi um envio, um comissionamento, para "mostrar o que a água era capaz de fazer". Fé, paz e um imenso senso de propósito inundaram o nosso coração, e já no aeroporto de Lagos, esperando o embarque, começamos nossa pesquisa sobre como "fazer acontecer".

O que aconteceu em seguida foi que nós iniciamos viagens itinerantes, principalmente para países de língua russa, que duraram dois anos.

Cruzando os desertos frios e remotos da Rússia asiática até os limites do Uzbequistão e de lá até pequenos apartamentos de um quarto em Kazan com 50 pessoas amontoadas dentro deles, e depois fomos a locais de reunião de cristãos feita às escondidas em Karaganda, nas vastas estepes que compreendem o Cazaquistão. Os crentes, que, muitas vezes, ainda se reuniam meio que secretamente, já tinham ouvido falar de T.B. Joshua e queriam experimentar a unção de Deus.

As reuniões, fossem elas grandes ou pequenas, seguiriam um formato semelhante: um tempo de pregação dos Evangelhos, muitas vezes, baseada na história do cego Bartimeu (Marcos 10:46-52), da mulher cananeia (Mateus 15:21-28) ou do homem que foi baixado pelo telhado (Marcos 2:1-12). A ministração era feita assim para ajudar a congregação a se concentrar em Jesus e pedir Sua misericórdia. Em seguida, mostrávamos vídeos (com tradução para o russo) de testemunhos de pessoas que receberam oração e água ungida e da oração em massa na SCOAN. A congregação se levantava e se juntava à oração em massa, e isso quase sempre resultava na manifestação de espíritos malignos em algumas pessoas, logo em seguida, havia a declaração de que haviam sido curadas.

Essa também era uma oportunidade para explicarmos que não havia uma teologia específica ligada à água e que a água ungida não estava à venda: Deus pode ungir qualquer coisa, e ninguém pode vender "unção". O próprio T.B. Joshua explicou que qualquer pagamento pela água, ou mesmo pela postagem ou entrega, a tornaria "água comum". Muitos crentes em diferentes países, de diferentes estilos de vida, especialmente aqueles que eram pobres, entenderam isso de maneira muito simples.

Foi em um lugar muito remoto, com a neve caindo abundantemente, que vimos o puro poder de Deus que vai além da cultura, além da raça, além do conforto. A congregação se adiantou e, com grande expectativa, ficou esperando em uma fila. A água foi borrifada sem qualquer toque humano. Mal as palavras: "No poderoso nome de Jesus Cristo!" foram pronunciadas e algumas pessoas começaram a gritar, a chorar e a fazer repetidos ataques. Foi instantânea a transição de algumas pessoas, que estavam de pé de maneira organizada e educada e passaram a manifestar raiva, fúria e até mesmo a se comportarem de forma animalesca e a fazerem ruídos sinistros.

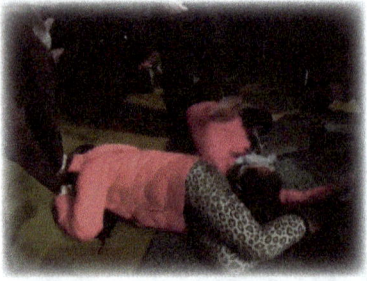

*Reações à oração com água ungida*

Uma dessas mulheres, investia contra nós seguidamente e rosnava enquanto estávamos orando e borrifando a água, e foi a única no dia seguinte que testemunhou sobre uma notável melhora em sua saúde física.

*"O ladrão vem somente para roubar, matar e destruir; eu vim para que tenham vida e a tenham em abundância."* João 10:10)

## Alguns testemunhos

Foram tantas vezes, que não saberíamos dizer exatamente quantas vezes vimos ou ouvimos testemunhos após as pessoas receberem oração e serem borrifadas com essa água. Nós mesmos experimentamos a proteção de Deus e uma melhora significativa em nossa condição física quando passamos por problemas de saúde durante nossas viagens.

## Quirguistão

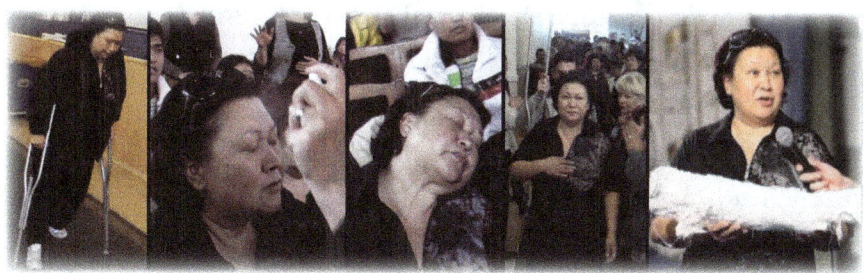

*Cura no Quirguistão*

Lembranças marcantes incluem a cura de uma senhora, que havia deslocado e quebrado um joelho, em uma grande reunião da igreja no Quirguistão. Ela chegou para o cadastro de oração usando muletas, sem conseguir se apoiar na perna machucada, e fizemos uma entrevista completa com ela. Nós a encorajamos a permanecer firme na fé, e ela ficou sentada no fundo do salão. Explicamos que iríamos até ela durante a ministração para borrifar a água ungida nela, com fé de que Deus diminuiria sua dor. O que aconteceu foi maravilhoso. Jesus entrou em cena; ela pareceu quase ter entrado em transe e, então, se levantou com alegria e confiança e desceu as escadas sem as muletas e subiu no palco. Depois disso, ela queria que as bandagens e o gesso fossem removidos, e uma enfermeira local a atendeu!

## Ucrânia

Em seguida, foram dados testemunhos de pessoas que receberam o "fruto do ventre", e já há muitos anos não conseguiam ter filhos. Em uma visita a uma igreja na Ucrânia, em setembro de 2012, tivemos a alegria de gravar três testemunhos de "bebês milagres" ao mesmo tempo. Por um tempo, foi distribuída uma água ungida especial designada pelo Profeta T.B. Joshua como sendo para o fruto do ventre, e isso é mencionado em cada um dos testemunhos.

Uma mulher foi diagnosticada com um grande cisto ovariano, e os médicos a advertiram de que ela não conseguiria mais engravidar. Seus relatórios médicos e exames mostravam claramente o grande cisto. No final de 2010, havíamos orado por ela, em nome de Jesus, usando a água ungida em um culto na Ucrânia. Também tínhamos dado a ela uma garrafa da água ungida especial "Fruto do Ventre" para ela usar em casa. Três meses depois, ela engravidou e, em setembro de 2012, sua filha saudável já estava com nove meses.

Outro casal também recebeu seu milagre por meio da ministração da água ungida, mas de uma maneira diferente. O pastor da igreja deles havia retornado de uma visita à

*Testemunhos do "Fruto do Ventre" na Ucrânia*

SCOAN no início de março de 2011, levando com ele um pouco da água ungida para o "fruto do ventre". Inspirado pelo que testemunhou na SCOAN, ele realizou um culto de oração para o "fruto do ventre" em sua igreja, passando para as pessoas um lenço que ele havia umedecido com água ungida. Um mês após aquela oração da fé, a criança foi concebida.

O terceiro casal eram os próprios pastores. Tendo tentado sem sucesso ter um segundo filho, sendo que o primeiro já estava com 18 anos, eles também oraram com a água ungida trazida pelo Pastor Dima da visita que fez à SCOAN. E, dentro de um mês, eles descobriram que também estavam esperando um bebê.

O Pastor Dima visitou novamente a SCOAN em novembro de 2011 para compartilhar seu testemunho e também para buscar a Deus para ter êxito no ministério sobrenatural em favor de toda a igreja. Ele recebeu uma profecia de T.B. Joshua durante o culto, explicando como Deus o usaria em sua nação. Então, no final de sua visita, quando se encontrou com T.B. Joshua, ele recebeu uma mensagem e sentiu o poder de Deus descer sobre

*Outro testemunho na Ucrânia*

# Deus pode usar qualquer meio

suas mãos. De fato, houve um grande progresso espiritual em sua igreja em seu retorno.

## Paquistão

Um pastor russo nos conectou com uma igreja no Paquistão, para onde também levamos a água ungida. Aqui, os depoimentos se estendem às comunidades agrícolas rurais. O Rev. Khalid Jamali nos enviou este testemunho após uma de nossas visitas:

> "Eu fui para a aldeia de Chathian Wala, onde vivem pastores de búfalos. Lá todo mundo costuma ter de 10 a 30 búfalos, mas uma mulher só tem um búfalo. Ela tem apenas a fonte de renda de um búfalo e esse búfalo estava prestes a morrer quando fomos lá para fazer um culto com água ungida. A senhora veio, e eu dei a ela a água ungida. Quando o búfalo a bebeu, passados dois minutos, ele já estava bem e a mulher começou a chorar de alegria e contentamento".[39]

No ano seguinte, pudemos visitar aquela aldeia e registrar alguns outros testemunhos do uso da água ungida, incluindo a história de um jovem chamado Zahid. A renda de sua família vinha de um campo de trigo fora do vilarejo, que os insetos haviam estragado. Eles não podiam se dar ao luxo de borrifar a área com inseticida, mas com fé no sangue de Jesus Cristo, eles borrifaram o campo com a água

*Testemunho de agricultura no Paquistão*

ungida. O trigo cresceu e, naquele ano, eles colheram uma safra recorde.

No bairro densamente povoado de Kahna Nau, no centro da cidade, em Lahore, Paquistão, seguimos o pastor por uma entrada que nos levou a um quintal pobre, onde vimos um jovem esticado em um colchão. O homem chamado Shahzad olhou para nós. Ficamos chocados ao saber que ele estava deitado há meses com uma ferida anal severa que piorava a cada semana.

---

39 Comunicação particular por e-mail, 4 de setembro de 2012

Gary rapidamente borrifou um pouco da água ungida na ferida, também borrifamos um pouco em uma garrafa de sua própria água para usar mais tarde e o encorajamos a permanecer firme na fé em Jesus Cristo. Ao voltarmos, seis meses depois, ouvimos seu incrível testemunho falado em urdu.

"Tive uma ferida nas nádegas durante sete meses. Não conseguia ir ao banheiro. Eu ficava o tempo todo deitado na cama. Eu orei a Deus para me ajudar. No ano passado, você veio com a água ungida do T.B. Joshua, e o irmão Gary borrifou um pouco em minha ferida. Poucos dias depois, ela sarou completamente.

Agora estou fazendo tudo normalmente em minha vida. Recebi minha cura por meio desta água ungida, pelo poder de nosso Senhor Jesus Cristo."

*Testemunho de cura no Paquistão*

## Algumas aventuras

Na metade de nossa jornada pela ex-União Soviética, indo para Khabarovsk, perto das fronteiras da China, iríamos enfrentar um ataque incomum. T.B. Joshua sempre lembrava a igreja que, como crentes, não tínhamos "folga". Precisamos de Jesus em todas as áreas de nossa vida o tempo todo.

*"Sede sóbrios e vigilantes. O diabo, vosso adversário, anda em derredor, como leão que ruge procurando alguém para devorar".* (1Pedro 5:8)

Na noite anterior, havíamos orado por muitas pessoas usando a água ungida e presenciamos alguns casos impressionantes de libertação. Voltamos para o alojamento do pastor a fim de descansar antes de nossa longa jornada. A hospitalidade cristã russa é famosa e, ao nos levar ao aeroporto, o pastor fez questão de garantir que comeríamos bem. O restaurante local tinha uma grande atração, um grande urso feroz preso em uma jaula, que logo descobriríamos que não era segura. Nosso anfitrião queria que posássemos para uma foto e, com relutância, concordamos.

## DEUS PODE USAR QUALQUER MEIO

Fiona explica o que aconteceu a seguir:

*De repente, vejo Gary cambaleando e instintivamente o afasto (bem a tempo). A jaula não estava em bom estado, e o urso cravou os dentes profundamente no braço de Gary, através de seu casaco (o ataque maligno teve como objetivo decepar seu braço, como um amigo caçador sul-africano explicou posteriormente). Esse era o braço de Gary tão usado para o Evangelho em todo o trabalho de tradução, edição de pós-produção de filmagens de obras de caridade, etc., sem falar que ele o usava para borrifar a água ungida. A ferida estava profunda, o sangue escorria, peguei a água ungida e borrifei rapidamente no braço dele. No exame médico, foi constatado que a ferida estava profunda demais para sutura; era preciso fazer curativos regularmente. Ainda podemos ver a cicatriz no braço de Gary. Foi realmente um ataque maligno!*

*Urso Russo Feroz*

Aqueles que nos convidaram para orar tiveram algumas reações interessantes à água ungida. No final de uma longa viagem aérea para o que parecia ser o outro lado do mundo fica a ex-colônia penal da Ilha Sakhalin, entre o Japão e o continente asiático-russo. Enquanto nos preparávamos para a reunião, percebemos que estava acontecendo uma discussão um tanto acalorada na sala ao lado entre o pastor e outros líderes. Que história de água é essa? Deus está realmente usando isso? Seu uso é teologicamente correto?" Era difícil saber se teríamos permissão para orar com a água, mas, graças a Deus, conseguimos explicar que "tudo girava em torno de Jesus" — a água era apenas um símbolo para ajudar a fé das pessoas — e eles nos deram o benefício da dúvida.

Um cantor gospel russo que morava nos Estados Unidos foi convidado para liderar o mesmo culto. Ele não foi informado sobre nós nem nós sobre ele. O pastor local tinha feito uma "reserva dupla". Pudemos ver o lado engraçado disso e, de fato, Deus estava no controle. O cantor gospel acabou sendo muito útil e se envolveu profundamente no ministério, atuando como tradutor de alguns dos grandes testemunhos. No dia seguinte, junto com o pastor que se manteve firme sobre a ministração da água ungida, fomos todos para a praia em meio à neve. Nós os filmamos enquanto eles saudavam, calorosamente, os telespectadores da Emmanuel TV.

Em uma pequena reunião na Ucrânia, nosso tradutor era um cavalheiro imponente com uma barba preta esvoaçante. Ele primeiro nos cumprimentou calorosamente, mas quando chegou o momento do culto em que passamos o vídeo explicativo sobre a água ungida, e mostramos todos os lugares em que estivemos, ele reagiu de maneira estranha. Sentado na frente, ele se levantou dramaticamente enquanto a filmagem mostrava T.B. Joshua fazendo uma oração por cura e usando a água ungida, olhou para nós e saiu. Nós nunca mais o vimos de novo. O que aconteceu? Na verdade, foi uma resposta espiritual à obra de Deus mostrada na tela. O pastor anfitrião não falava inglês, mas um membro da equipe que organizou a reunião tinha algum domínio da língua inglesa e ela interveio como se nada tivesse acontecido. O encontro continuou e terminou com Raisa, uma babushka (avó) idosa que tinha vindo ao culto usando uma bengala, acabou jogando a bengala fora e foi embora feliz pedalando uma bicicleta!

Em uma reunião, no Reino Unido, estava uma senhora calma e de maneiras impecáveis. Nós sabíamos disso porque tínhamos passado uma hora com ela enquanto ela compartilhava suas preocupações sobre seu filho; ela parecia ser uma pessoa muito gentil. Avançando no tempo rapidamente e indo para a fila de oração, em que era usado um spray de água ungida e a menção do nome acima de todos os nomes, Jesus Cristo, ela se mostrou uma pessoa bem diferente diante de nós. Gritando, ela reagiu e fez um longo discurso em linguagem chula e acusações perversas: "Seu fornicador perverso, eu sei tudo sobre você". Gritando sem parar, a mulher avançou com determinação. O que estava acontecendo? Era hora da fila de oração, e o meio usado pelo Espírito Santo para separar a luz das trevas foi a água ungida. De um modo incrível, a senhora foi liberta daquele demônio que estava atormentando a ela e à sua família.

## Outros testemunhos da água ungida

Testemunhos da obra de Deus por meio da água ungida se tornariam uma característica comum nos cultos ao vivo da SCOAN, na Emmanuel TV. Um jovem dos Estados Unidos (um país que tem muitos casos de mortes por causa de opiáceos e álcool) descreveu sua história com uma reconstituição dramática exibida na Emmanuel TV.

Quando jovem, enfrentando as vicissitudes da vida, perda de emprego, lembranças infelizes de infância, pobreza e relacionamentos fracassados, Chris começou a beber muito e a tomar uma overdose de pílulas. Ele acabou no pronto-socorro e teve a sorte de não ter morrido. Então, um novo começo; ele conheceu a Emmanuel TV e começou a assistir ao ensino bíblico e a participar da oração em massa durante os cultos ao vivo. O que aconteceu depois? Chris explica:

*Participando da oração em massa remotamente*

"Eu conheci uma evangelista da SCOAN. Ela me deu uma garrafa de "água da nova manhã" do Profeta T.B. Joshua. Quando cheguei em casa, comecei a ministrar a mim mesmo e aplicá-la em mim mesmo todos os dias, crendo que Deus iria me curar e me libertar. E obtive a cura. Alguns meses depois, pude jogar fora todos os medicamentos. Já fazia quase seis anos que eu tomava remédios. Agora, eu me sinto livre e bem. Eu costumava ser deprimido e tinha tendências suicida. Agora, eu trabalho com todos os tipos de crianças que cresceram em meio a dificuldades, assim como eu. Nós alimentamos os sem-teto, ajudamos os idosos e fazemos todos os tipos de coisas realmente úteis. Estou muito grato por Deus ter usado o Profeta T.B. Joshua para trazer a "água da manhã" para minha vida, e usar esse meio para me curar e me libertar. Se Deus pôde fazer isso por mim, Ele pode fazer isso por você."[40]

Uma parte da "água da nova unção" foi distribuída em janeiro de 2021 para percorrer o mundo. Os parceiros da Emmanuel TV, no mundo todo, receberam a água da nova unção como um presente gratuito e a ministraram aos enfermos de outros países, geralmente, por meio de chamadas de vídeo por telefone, seguindo o exemplo de fé. Logo, os testemunhos começaram a se acumular, e a fé de um número cada vez maior de pessoas foi fortalecida; sem mencionar as muitas vidas curadas, libertas e abençoadas.

Encorajado por T.B. Joshua segurando a água da nova unção no Prayer Mountain (Monte de Oração) e assistindo com entusiasmo aos testemunhos em vídeo vindos de diferentes países, alguns parceiros da Emmanuel TV colocaram sua fé em prática. Eles borrifaram água na tela do telefone durante uma ligação para uma mulher de outro país de língua russa que estava perdendo peso e energia rapidamente. Toda vez que ela comia comida normal, ela tinha reações alérgicas graves.

A sessão de oração foi filmada, então, todos puderam ver a reação. Ela teve uma manifestação, caiu no chão e teve uma vontade incontrolável de vomitar algo.

*Testemunho de cura na Crimeia*

Levantando-se e limpando a boca, Tatiana, que era da Crimeia, sabia que algo havia acontecido. Encorajada, ela preparou uma refeição típica de vegetais e peixe, a primeira em muitas semanas, e, louvado seja o Senhor, ela não teve qualquer reação adversa. Ela continuou a comer normalmente e voltou a gostar de fazer caminhadas.

---

40 Conforme transmitido pela Emmanuel TV durante 2020. Confirmado por comunicação pessoal

## Reuniões do "Fruto do Ventre"

Durante um de nossos longos períodos morando na SCOAN, houve duas grandes reuniões para o "fruto do ventre". Em 5 de dezembro de 2008, o auditório estava cheio de casais cujas mulheres estavam potencialmente grávidas e aqueles cujas mulheres já estavam "gestantes" e que tinham vindo para orar por um parto seguro.

Um casal esperançoso, o Sr. Pieter e sua esposa da África do Sul, com uma história documentada de infertilidade de longo prazo, estavam entre os visitantes internacionais. Eles haviam recebido oração, mas antes de continuar, T.B. Joshua caminhou em direção ao recipiente ornamental que ficava na frente da área do altar. Aquele recipiente continha frutas frescas, que eram colocadas ali antes de cada culto. Ele pegou um pouco dessas "frutas ungidas" e deu ao casal para encorajar a fé deles.

*Testemunho após o culto Fruto do Ventre de 2008 na SCOAN*

Ao retornarem para seu país de origem, eles conceberam naturalmente e ficaram felizes em anunciar a gravidez. Tudo correu bem, e eles deram as boas-vindas ao seu lindo filho antes de 2009 terminar. Em 2010, eles fizeram uma visita para mostrar o bebê a todos, e outros familiares também os acompanharam. Em sua primeira visita à SCOAN, o pequeno ficou observando com satisfação o culto de domingo enquanto seus pais glorificavam a Deus publicamente por esta gloriosa resposta à oração.

O encontro "Fruto do Ventre" de 2009 começou com um tempo reservado para ouvir os testemunhos do ano anterior e ver os bebês milagrosos nos braços de suas mães. Também foi notável como T.B. Joshua era visto usando um grande lenço (manto). Ele passou o manto de pessoa em pessoa; alguns reagiram de forma estranha e até caíram no chão; muitos voltaram nos meses seguintes com seus testemunhos de orações respondidas após aquele encontro. Na verdade, constatamos que Deus poderia usar qualquer meio.

## Objetos ungidos na Bíblia

Após fervorosa oração e um desejo genuíno de que a unção de sua vida alcançasse mais pessoas, T.B. Joshua fez uso de diferentes objetos ungidos por mais de 25 anos.

O objeto não é o importante, mas sim a unção. Nossa experiência no uso desses objetos ungidos ao longo dos anos nos ensinou a reconhecer que "A oração de um justo é poderosa e eficaz" (Tiago 5:16), em vez de apontar para qualquer nova teologia. Por exemplo, o poder de Deus que experimentamos durante a oração com a água ungida do outro lado do mundo, na Nigéria, era para nos mostrar repetidas vezes que isso não era diferente dos lenços enviados pelo apóstolo Paulo (Atos 19:11).

Deus pode usar qualquer meio:

- Em Atos 19:11-12, Deus usou o lenço e o avental de Paulo para curar os enfermos.
- Em Êxodo 14:16, Deus usou como meio o cajado de Moisés para dividir o Mar Vermelho.
- Em Atos 3:6, Deus usou a voz de Seus servos, Pedro e João, para curar um aleijado.
- Em 2Reis 5:14, Deus usou um rio sujo para curar Naamã.
- Em Atos 2:1-2, Deus se expressou por meio do som na época de Pentecostes.
- Em 1Samuel 17:49, Deus usou a funda de Davi para derrotar o gigante Golias.
- Em João 9:6-7, Jesus usou lama e saliva para curar um cego.
- Em Atos 5:15-16, Deus usou a sombra de Pedro para curar os enfermos.

## Deus pode usar qualquer meio

Antes da introdução da água da unção, o ministério já usava, por exemplo, areia, torneiras de água, óleo perfumado, lenços ungidos, chaveiros com passagens bíblicas, adesivos, notas de sermões e a área do altar no santuário da igreja como "pontos de contato" para ajudar a fé das pessoas.

Um deles, chaveiros com passagens bíblicas escritas neles, fez com que Fiona viesse a dar um testemunho poderoso.

*O chaveiro estava no pequeno carro que eu dirigia quando foi atingido por um enorme caminhão em 31 de janeiro de 2003, um dia antes de eu levar um pequeno grupo para visitar a SCOAN. Só me lembro do carro voando no ar, virando três vezes e aterrissando quase suavemente na pista externa de uma rodovia movimentada. Tive de ser retirada do carro pelo Serviço de Emergência, mas não fiquei ferida (exceto por alguns hematomas) e ninguém mais ficou ferido.*

Houve um fluxo constante de testemunhos semelhantes da proteção de Deus em relação a acidentes de carro, especificamente, com a água ungida.

Um dos primeiros vídeos que era passado regularmente para os visitantes da SCOAN mostrava uma situação em que uma das notas semanais do sermão da igreja servia como um objeto ungido. Uma mãe com seu bebê recém-nascido, aparentemente sem vida, chegou de táxi na SCOAN. Quando a nota do sermão foi colocada sobre aquele corpo minúsculo, foi possível ver o brilho da carne viva e quente aparecendo à medida que o bebê voltava à vida.

Posteriormente, surgiram outros "pontos de contato": torneiras para dispensar "água viva" no altar da igreja, pulseiras da fé, o "cartão dos crentes", tocar a tela durante a transmissão ao vivo da oração em massa nos cultos de domingo e em videoclipes online, bem como a tradicional imposição de mãos feita pelo T.B. Joshua e por outros ministros de Deus em treinamento na SCOAN. Mais recentemente, seguiu-se a oração interativa à distância feita nos estúdios de Emmanuel TV.

Todas essas coisas são controversas? Claro, mas isso costumava acontecer quando era dada muita atenção ao objeto ungido. Como dizia o livreto que acompanhava a água ungida e a água da manhã e era distribuído aos visitantes:

> A água ungida é apenas um símbolo, e não o poder em si. Não é a água que cura, liberta, abençoa e salva, mas sim o próprio Deus Todo-Poderoso, visto que a unção é feita em nome Dele.
>
> Antes de ministrar a água da unção, deve haver fé tanto por parte da pessoa que ora quanto da pessoa que recebe a oração.

O evangelista Bill Subritzky da Nova Zelândia foi um dos primeiros visitantes estrangeiros da SCOAN. Ele levou um grupo de ministros lá para ver o poder de Deus e tomar uma decisão com uma mente independente. Naquela época, havia um culto mensal conhecido como o culto do "Sangue de Jesus", onde o Profeta T.B. Joshua orava e depois ungia algumas torneiras das quais saía água, e as pessoas tocavam nessas torneiras ou bebiam sua água crendo que receberiam um milagre.

Em resposta a várias críticas teológicas que recebeu sobre este fenômeno, ele escreveu:

> A prova da fé deles é demonstrada por meio de sua libertação imediata do poder demoníaco. Essa fé no poder do sangue de Jesus é semelhante àquela exercida por aqueles sobre quem foram colocados aventais que tocaram o corpo de Paulo. Por causa do poder do sangue, os demônios deixaram as pessoas, e elas foram curadas. Está claro nas Escrituras que Deus, em Sua graça e misericórdia, pode usar objetos inanimados como panos e água, consagrados por meio de oração, para libertação e cura. Temos a evidência disso quando Jesus toca no caixão do filho da viúva que ressuscitou. Também constatamos isso no poder de Sua vestimenta e no poder das águas de Betesda. Havia poder no barro e na saliva que Jesus colocou no olho do cego. Havia poder nas águas do Jordão quando Naamã foi curado. De modo semelhante, havia poder nos ossos do falecido Eliseu quando a pessoa morta que os tocava era trazida à vida. Havia poder no manto de Elias e havia poder no cabelo de Sansão. Havia poder também na vara de Moisés quando ela se transformou em uma serpente. Havia poder na vara de Arão quando ele tocou a poeira e ela se transformou em piolhos.[41]

---

41 *Milagres de T.B. Joshua*, site do ministério Dove Ministries

Vimos que, de fato, o uso de objetos ungidos e, particularmente, a água ungida, possibilitou que a unção de Deus que estava sobre a vida do T.B. Joshua alcançasse muito mais pessoas e lugares do que seria possível. Além disso, aqueles que ministram a água na cura e libertação das pessoas também ganham experiência em trabalhar com o Espírito Santo, o que os ajuda a crescer potencialmente a fim de virem a receber e manter mais unção para si próprios.

## Selo de assinatura A.A. Allen

Durante o período em que fizemos viagens itinerantes e reuniões na América, tivemos o privilégio de encontrar um avô da fé, um evangelista idoso com dom da cura, C.S. Upthegrove, cujo ministério se estendeu por mais de 55 anos. Ele havia trabalhado em estreita colaboração com muitos dos renomados evangelistas de cura da América dos anos 50, especialmente A.A. Allen com sua igreja no Vale dos Milagres. Apresentado ao ministério por sua filha, ele começou a assistir à Emmanuel TV. Maravilhado com o que viu, subsequentemente, ele aceitou um convite de T.B. Joshua para fazer a longa viagem à África (um continente que ele nunca havia visitado) para visitar a SCOAN.

Durante aquela visita, houve duas ocasiões notáveis em que essa lenda viva ministrou usando sua longa experiência e sabedoria obtida em sua vida na obra de Deus. C.S. Upthegrove contou um pouco da história de um "general de Deus" do passado, A.A. Allen, que recebia muitos pedidos de oração e como queria respondê-los pessoalmente, fez um carimbo pessoal com sua assinatura. Explicando mais, ele disse a todos que estavam presencialmente na igreja e àqueles que estavam assistindo pela Emmanuel TV:

> Quando fui presenteado com o carimbo, eu disse: "O Espírito do Senhor ainda está naquele selo". Deus pode usar qualquer coisa, eu digo: Ele pode usar paus e pedras, ossos de homens mortos; Ele usa água. Ele usa sombras e usou este selo nas mãos de A.A. Allen. E quando ele foi passado para mim, eu o valorizei e o guardei. Meus filhos disseram: "Deixe isso conosco, pai". Eu respondi: "Não, isso não é para a herança dos filhos. Isso é para

passar para outro profeta de Deus."[42]

Os anos se passaram. Ainda assim, o carimbo da assinatura permaneceu em sua posse até o momento em que C.S. Upthegrove o passou, com reverência, ao Profeta T.B. Joshua durante o culto de domingo de Páscoa ao vivo no dia 8 de abril de 2012.

*C.S. Upthegrove presenteia T.B. Joshua com o selo de assinatura A.A. Allen*

Ele contou como A.A. Allen havia profetizado para ele antes de sua morte:

> Um dia, eu estava andando de carro com A.A. Allen, e ele olhou para mim e disse: "Irmão Upthegrove, posso não estar vivo quando isso acontecer, mas acredito que você estará". E ele começou a descrever este lugar. Ele começou a falar sobre um homem que andaria sob a unção e o poder do Deus Todo-Poderoso. Ele descreveu ainda todos os milagres que testemunhei desde que estou aqui.[43]

Na verdade, durante sua pregação dinâmica foi possível ver sua força aumentar visivelmente enquanto encorajava todos os presentes a viver acima do medo, da dúvida, da condenação e da incredulidade. Mais tarde, em uma entrevista completa que deu a uma equipe de evangelistas, ele fez um relato fascinante de todas as suas experiências na obra do Senhor e, mais uma vez, expressou sua alegria por ter encontrado T.B. Joshua em sua vida.

## A FONTE DO PODER

Este poder de Deus não deve ser exercido ao bel-prazer do ministro; mas sim sob a instrução do Espírito Santo, a terceira pessoa da Trindade. Deus usa, à Sua maneira, pessoas "adequadas" que estão disponíveis, não à nossa maneira.

---

42  *O general de Deus CS Upthegrove visita o profeta T.B. Joshua na SCOAN*. Canal do C.S. Upthegrove no YouTube, 11 de setembro de 2013
43  Ibidem.

## DEUS PODE USAR QUALQUER MEIO

Há um mistério na maneira como o Espírito Santo opera. No entanto, há evidências de um relacionamento mais profundo com Deus, visto que T.B. Joshua passou grande parte de sua vida em oração para manter a unção que recebeu de Deus, cercado pela natureza no Prayer Mountain (Monte da Oração). Ele costumava dizer: "Eu permaneço em oração" (Salmo 109:4).

A água e quaisquer outros objetos ungidos eram guardados pelo altar com os guerreiros de oração no Prayer Mountain (Monte de Oração), e eram banhados em oração e saturados por ela.

Muitas pessoas vinham à SCOAN em busca de poder ou unção para seus ministérios. Elas realmente recebiam uma transmissão de poder ou unção, mas manter qualquer transmissão requer mais compromisso, devoção e dedicação. Como o Profeta T.B. Joshua explicou a um grupo de pastores estrangeiros visitantes no ano 2000:

> Todos podem receber o Espírito Santo, mas Deus está olhando para o seu futuro. A questão é manter. É melhor não receber o Espírito Santo do que recebê-lo e depois perdê-lo.
>
> Você preparou todas as áreas de sua vida para o Espírito Santo?
>
> Para manter a unção, faça uma aliança com Deus para ser sempre humilde, obediente e fiel à Palavra. Isso é algo entre você e Deus. Precisamos estar mais comprometidos com Deus; precisamos ser mais sérios.[44]

Ele também explicou que devemos estar fundamentados na Palavra de Deus, a Bíblia, antes de receber a unção do Espírito Santo:

> Eu encontro muitas pessoas que expressam o desejo de ser cheias do Espírito; apoio esse desejo, mas há um problema. O maior problema é que você deve estar fundamentado na Palavra antes de ser cheio do Espírito, caso contrário, não haverá nada lá para o Espírito lembrá-lo — você ficará vazio.[45]
>
> Se você deseja viver no Espírito, mantenha-se na Palavra, permaneça na Palavra; torne-se totalmente saturado com as Escrituras,

---

44  Fita em VHS *The Holy Spirit, Divine Lecture 4* (O Espírito Santo, Palestra Divina 4), SCOAN, 2000
45  *Poder de Cima,* Nota do Sermão da SCOAN (MPG) com base no sermão de domingo de 3 de abril de 2016

e você transbordará do Espírito.[46]

Existe poder em nome de Jesus! Esse nome pode fazer com que as forças demoníacas recuem e fujam, mas apenas quando exercidas da maneira certa.

O nome de Jesus Cristo realmente tem poder, mas apenas entre aqueles que estão comprometidos com a glória de Deus.

Tanto a oração como o uso muito rápido da imposição de mãos podem se tornar uma missão perigosa, conforme ilustrado claramente nesta passagem da Bíblia:

*"E alguns judeus, exorcistas ambulantes, tentaram invocar o nome do Senhor Jesus sobre possessos de espíritos malignos, dizendo: 'Esconjuro-vos por Jesus, a quem Paulo prega'. Os que faziam isto eram sete filhos de um judeu chamado Ceva, sumo sacerdote. Mas o espírito maligno lhes respondeu: 'Conheço a Jesus e sei quem é Paulo; mas vós, quem sois?' E o possesso do espírito maligno saltou sobre eles, subjugando a todos, e, de tal modo prevaleceu contra eles, que, desnudos e feridos, fugiram daquela casa. Chegou este fato ao conhecimento de todos, assim judeus como gregos habitantes de Éfeso; veio temor sobre todos eles, e o nome do Senhor Jesus era engrandecido."* (Atos 19:11-17)

T.B. Joshua explica que os sete filhos de Ceva são exemplos para nós daqueles que professam afinidade ou proximidade com Cristo segundo a carne, embora não apresentem mudanças no coração e na vida. As coisas podem ir bem até certo ponto, mas então um dia a dura oposição virá — *"Conheço a Jesus e sei quem é Paulo; mas vós, quem sois?"* querendo dizer: "Por meio de que autoridade você atua? Que autoridade você tem para nos dar ordens? Quem deu a você autoridade? Que direito você tem de declarar a autoridade de Jesus, visto que desobedece às Suas instruções?"

Dessa forma, aprendemos que o nome de Jesus só tem autoridade verdadeiramente em nossos lábios quando também está plantado em nosso coração.

---

[46] *Como ser Cheio do Espírito Santo*, T.B. Joshua, 9 de setembro de 2018, culto de domingo

A compreensão dessas realidades nos levou a mudar nossa compreensão da teologia cristã de nosso ponto de vista anterior "carismático moderno". Por exemplo, vimos que não se deve separar o fruto e os dons do Espírito Santo. É inútil a ilustração popular de que os dons do Espírito Santo são como presentes pendurados em uma árvore de Natal, e o fruto, como frutos que crescem em uma árvore frutífera. Ou seja, o fruto é tudo. Um dom sobrenatural pode parecer o mesmo externamente, mas se for acompanhado pelos frutos da carne, é de Satanás, e se for acompanhado pelo fruto do Espírito Santo, é do Espírito Santo.

## O EXEMPLO DO APÓSTOLO PAULO

O livro de Atos não é mera história; é o padrão do que Cristo deseja que Sua igreja seja hoje.

No livro de Atos, a história de um apóstolo controverso é contada com alguns detalhes. Esse não é o São Paulo das famosas basílicas de Roma nem das belas pinturas religiosas em museus da Europa Ocidental, nem das festividades e tampouco do conhecido tratado sobre o amor do livro de 1Coríntios lido em tantos casamentos. Esse é o Paulo "genuíno", que explicou que: "Pois as credenciais do apostolado foram apresentadas no meio de vós, com toda a persistência, por sinais, prodígios e poderes miraculosos" (2Coríntios 12:12). Ele não tinha uma megaigreja, ainda assim, muitas pessoas falaram contra seu ministério. No final da vida, este discípulo de Jesus, que se descreve como alguém que nasceu fora do tempo, ainda era um personagem polêmico, com frequência abandonado pelos crentes e criticado. Em 2Timóteo 1:15, Paulo diz: *"Estás ciente de que todos os da Ásia me abandonaram".*

Falsas acusações foram feitas contra Paulo, incluindo uma acusação específica de que ele havia trazido gregos (gentios) para o templo e o profanado. Os crentes judeus, em Jerusalém, encorajaram Paulo a cumprir alguns aspectos tradicionais da religião judaica para estar cerimonialmente limpo no templo, o que deveria dissipar quaisquer rumores contra ele. Mas, apesar disso, foram feitas falsas acusações de que ele havia contaminado o templo levando um crente grego gentio lá para dentro. Essa falsa acusação é mencionada muitas vezes. Em Atos

24, Paulo está sendo levado pelas autoridades diante de um governante chamado Félix. Enfrentando acusações e pena de morte, ele comenta calmamente, referindo-se a Jesus Cristo:

*"Porém confesso-te que, segundo o Caminho, a que chamam seita, assim eu sirvo ao Deus de nossos pais"* (versículo 14).

Os versículos 5 e 6 nos dão uma amostra de como foram feitas falsas acusações contra ele:

*"Porque, tendo nós verificado que este homem é uma peste e promove sedições entre os judeus esparsos por todo o mundo, sendo também o principal agitador da seita dos nazarenos, o qual também tentou profanar o templo, nós o prendemos [com o intuito de julgá-lo segundo a nossa lei]."*

Devido à revelação de Jesus Cristo, desde o início, o apóstolo Paulo sabia que sofreria por Ele. Preso em Roma, ele era um homem condenado, esperando o martírio que certamente viria. O livro de Atos nos diz que Paulo procurou usar as Escrituras da época (o que os cristãos agora conhecem como Antigo Testamento) para persuadir os judeus em Roma que o visitavam a ouvir sua defesa. Quando ele chegou em prisão domiciliar a Roma, onde passaria os últimos anos de sua vida sob sentença de morte, os judeus foram ouvi-lo porque, como está escrito em Atos 28:22:

*"...a respeito desta seita que, por toda parte, é ela impugnada."*

Esse crente polêmico que teve seu encontro radical com Jesus Cristo na estrada para Damasco, como entendemos, acabou decapitado sob a perseguição cristã em Roma.

Esse não foi o fim da história. O apóstolo Paulo escreveu as famosas cartas que se tornaram parte do Cânon das Escrituras. Quatorze dos vinte e sete livros do Novo Testamento são, tradicionalmente, atribuídos a Paulo. Hoje, essas epístolas (cartas) continuam a ser raízes vitais da teologia, do culto e da vida pastoral em todas as tradições cristãs.

No entanto, foi só três séculos após a morte de Paulo, no Sínodo de Hipona em 393 d.C., que a unção sobre o ensino do apóstolo Paulo foi reconhecida formalmente, incluindo essas epístolas no cânon das

Escrituras. Para nós, agora é fácil olhar para trás e ver o significado dos escritos de Paulo, mas não era tão óbvio na época.

Atos 19:11-12 nos fala que:

*"E Deus, pelas mãos de Paulo, fazia milagres extraordinários, a ponto de levarem aos enfermos lenços e aventais do seu uso pessoal, diante dos quais as enfermidades fugiam das suas vítimas, e os espíritos malignos se retiravam."*

Portanto, podemos ver uma semelhança entre o ministério de Paulo e o do profeta T.B. Joshua no que diz respeito à controvérsia, à perseguição, assim como a maneira que Deus usava os objetos ungidos que haviam sido tocados pelo apóstolo.

As instruções que o apóstolo Paulo recebeu do Espírito Santo eram diferentes daquelas recebidas pelos apóstolos de Jerusalém, e isso, a Bíblia nos diz que causou conflito e mal-entendido. A mensagem do Evangelho precisava ir para os gentios, mas na época, muitos seguidores "do caminho" estavam focando apenas os crentes judeus.

À medida que examinamos os corredores do tempo, somos gratos que o apóstolo Paulo escolheu não ser definido por sua cultura e educação, em vez disso foi obediente à Santa Comissão.

T.B. Joshua disse:

> O que as pessoas não entendem, elas dão nomes; o que eles entendem, elas destroem. Oro para que as pessoas não entendam você.

# A Bíblia e o Espírito Santo

É essencial ter uma compreensão espiritual da Bíblia. Ela é diferente de qualquer outro livro. T.B. Joshua explicou que qualquer pessoa pode entrar em uma livraria com algum dinheiro e comprar uma Bíblia, mas a santidade contida na Bíblia não está à venda. E a Bíblia não deve ser entendida da mesma forma que um livro didático de Química ou História. É necessário abordar a leitura da Palavra de Deus com um coração humilde e sincero.

Este capítulo termina com o seguinte sermão, explicando de modo mais completo a relação vital entre a Bíblia e o Espírito Santo.

## LEIA A BÍBLIA, LEIA O ESPÍRITO SANTO

*T. B. Joshua, culto de domingo da SCOAN, 1 de julho de 2018*

2Pedro 1:20-21 — *"Sabendo, primeiramente, isto: que nenhuma profecia da Escritura provém de particular elucidação; porque nunca jamais qualquer profecia foi dada por vontade humana; entretanto, homens [santos] falaram da parte de Deus, movidos pelo Espírito Santo."*

Como cristãos, este é o nosso padrão de vida — a Bíblia Sagrada. Mas a forma que abordamos a Bíblia hoje mostra claramente que não sabemos a diferença entre a Bíblia e os outros livros; não sabemos a diferença entre a Bíblia e a história, a química e a literatura. Apenas acreditamos que devemos lê-la como qualquer outro livro.

Mas a própria Bíblia é a carta inspirada pelo Espírito de Deus. Da mesma forma que Deus soprou Seu Espírito em certos homens, Ele soprou Seu Espírito em certos livros. Portanto, quando você está lendo a Bíblia, você está lendo o Espírito Santo.

Os homens santos foram conduzidos pelo Espírito de Deus enquanto pregavam a mensagem que vinha de Deus. Se você deve ler a Bíblia, deve ser conduzido pelo Espírito Santo. Quando oramos e lemos sem qualquer atenção ou consideração pelo Espírito Santo, nós não O colocamos no lugar ao qual Ele pertence, mesmo sabendo o quanto Ele é importante para nós. Quando você lê sem a atenção do Espírito Santo, a leitura não faz sentido para você porque você está lendo a história, os eventos, o que aconteceu em Jerusalém, o que aconteceu com Jeremias, o que aconteceu com Jesus Cristo.

O Espírito Santo é o mais sensível dos seres e é facilmente ferido pela falta de atenção e consideração. Deus é Espírito, e Seus adoradores devem adorá-lo em espírito e em verdade. Antes de ler a Bíblia, devemos buscar a atenção do Espírito Santo, porque a Bíblia é uma ferramenta nas mãos Dele.

Deus fala conosco por meio de Sua Palavra, por Seu Espírito. Ele chama você por meio de Sua Palavra, por Seu Espírito. Ele sussurra em seus ouvidos por meio de Sua Palavra, por Seu Espírito. Ele saúda você por meio de Sua Palavra, por Seu Espírito.

Romanos 9:1 — *"Digo a verdade em Cristo, não minto, testemunhando comigo, no Espírito Santo, a minha própria consciência."*

Isso significa que o Espírito Santo é um comunicador e nosso coração é o ponto de contato. O Espírito Santo não pode se comunicar com um coração cheio de amargura, com falta de perdão, ódio ou sentimentos ruins para com os outros. Você pode ler a Bíblia 100 vezes, mas enquanto você guardar rancor de alguém, a Bíblia não fará nenhum sentido para você. Somos muito bons em ler a Bíblia, mas Deus não recompensa necessariamente pessoas boas, pessoas espertas, pessoas inteligentes ou ricas; Ele recompensa as pessoas obedientes, aquelas que fazem da Palavra de Deus o padrão para a vida delas.

Você consegue ver de onde vêm seus desafios e problemas, por que não pode convidar o Espírito Santo ao seu coração? Sem a Bíblia, como você vai chegar a Deus, ter acesso a Deus ou falar com Deus? Sem a Bíblia não há cristianismo, não há filho de Deus, não há crente, não há nascido de novo. A Bíblia é nosso padrão.

Faça a si mesmo esta pergunta: "Por que a Bíblia não é viva para alguns de nós hoje em dia?" A Bíblia não se torna viva por causa da falta de perdão, da amargura, da inveja, do ciúme e dos sentimentos ruins que temos em relação aos outros. Torná-la viva significa entender e saber o que é ler para salvação, para cura, para libertação e para receber todas as bênçãos de Deus.

Como a Bíblia pode se tornar real para nós? Leia a Bíblia com frequência; continue meditando nela até que ela se torne uma realidade para você; leia devagar, repetidamente e com atenção; não é como ler qualquer outro livro. Quando você estiver lendo a Bíblia, coloque seu conhecimento de lado; seu espírito deve agir de acordo com a Palavra para fazer parte dela; pois a Palavra de Deus renova nossa mente e o Espírito de Deus restaura nossas forças. Mesmo que nosso raciocínio rejeite isso, deixe nosso coração ansiar por isso. Jesus precisa do seu coração; esse é o lugar de contato.

Para todos os corações que estão em cativeiro (cativeiro da falta de perdão, cativeiro da inveja, cativeiro do ciúme), liberte seu espírito para seguir Jesus.

Siga a instrução dada por Cristo em Mateus 5:23-24:

*"Se, pois, ao trazeres ao altar a tua oferta, ali te lembrares de que teu irmão tem alguma coisa contra ti, deixa perante o altar a tua oferta, vai primeiro reconciliar-te com teu irmão; e, então, voltando, faze a tua oferta."*

Sem a liberdade, a liberdade de seu coração, você estará chamando um Deus que você não conhece, e sua leitura da Bíblia não terá sentido.

# O PROFETA NO MONTE

"*Não sabes, não ouviste que o eterno Deus, o Senhor, o Criador dos fins da terra, nem se cansa, nem se fatiga? Não se pode esquadrinhar o seu entendimento. Faz forte ao cansado e multiplica as forças ao que não tem nenhum vigor. Os jovens se cansam e se fatigam, e os moços de exaustos caem, mas os que esperam no Senhor renovam as suas forças, sobem com asas como águias, correm e não se cansam, caminham e não se fatigam.*" (Isaías 40:28-31)

*O Profeta T.B. Joshua no Prayer Mountain (Monte de Oração), no estado de Ondo*

De onde vem o poder para ver a corrida até o fim? De esperar no Senhor. A vida é uma maratona, não uma corrida de velocidade.

Depois de um tempo de oração no Prayer Mountain (Monte de Oração), no estado de Ondo, perto de sua aldeia, T.B. Joshua falou do monte aos telespectadores da Emmanuel TV no dia 30 de dezembro de 2020, referindo-se à importância do hábito e de estar perto da natureza:

> "Todo homem justo simplesmente tem ótimos hábitos. Hábito é um dom de Deus. Desde o início do meu ministério, tenho estado perto da natureza. A natureza aprimora a espiritualidade.
>
> Daniel orava ajoelhado três vezes ao dia (Daniel 6:10).
>
> O salmista orava sete vezes ao dia (Salmo 119:164).
>
> Os discípulos de Jesus Cristo oravam no primeiro dia de cada semana (Atos 20:7).
>
> Esses eram seus hábitos."

## O Prayer Mountain (Monte de Oração)

"Você terá seu próprio Prayer Mountain (Monte de Oração)." Essa instrução veio do encontro do Profeta T.B. Joshua com Jesus durante um jejum de 40 dias, em 1987, no monte físico onde ele costumava orar, perto de sua cidade natal, no estado de Ondo.

Selva ("mata") virgem, com excrementos de animais, teias de aranha, o toque do calor úmido, folhas enormes e vegetação verde. Insetos e pássaros, macacos e tucanos, chuvas tropicais, trovoadas, cabanas de bambu e barcos simples. Essa terra virgem nos arredores da megacidade de Lagos abrigaria a primeira cabana de oração e humilde morada onde o homem de Deus, vestido com uma simples túnica branca, passaria horas do seu dia e de sua noite em oração diante do Senhor Deus, que havia dado a ele um destino tão profundo. Os santos e eremitas da antiguidade buscavam os lugares solitários e era de lá que ministravam.

Nesse lugar perto da natureza, mas também perto das pessoas, foi onde a igreja começou em 1989. Em 1994, ela se mudou para sua localização

# O profeta no Monte

atual, a pouco menos de três quilômetros de distância. T.B. Joshua viajava para o local antigo, agora conhecido como Prayer Mountain (Monte da Oração), muitas vezes ao dia. Na verdade, foi nomeado apropriadamente porque esse era de fato um "monte espiritual".

Ele voltava à simplicidade e à solidão do Prayer Mountain (Monte de Oração) para estar com Deus na natureza, fosse de um culto no auditório da igreja principal com milhares de visitantes de até 50 países diferentes ou de um dos eventos de estádio em outros países.

Um homem de oração; foi exatamente assim que as notícias de T.B. Joshua e os milagres bíblicos cruzaram os oceanos. "Há um irmão cristão em Lagos, Nigéria; ele vive simplesmente em um pântano no mato. O Espírito Santo o instrui por quem orar, e ele os vê em visões. Eles o chamam de profeta porque ele fala palavras precisas da parte de Deus."

Os visitantes internacionais da SCOAN se reuniam para entrar no ônibus. Assim que chegavam, eles perguntavam: "Podemos ir para o Prayer Mountain (Monte de Oração)?" As respostas eram enigmáticas: "Conforme a orientação do Espírito Santo", mas agora estávamos indo para lá, virando as ruas apinhadas de coisas para comprar e vender em todos os lugares. Caminhando pela passarela de madeira sobre a ponte, chegamos à selva, à água (recuperada do pântano) e à primeira "Terra da Misericórdia'" com areia. Pegamos um pequeno barco para o interior, vimos a vastidão da visão externa e tivemos um vislumbre da imensidão da visão espiritual.

*Fiona curtindo a visita ao Prayer Mountain (Monte da Oração) em 2004*

Aproveitando a oportunidade de subir ao Prayer Mountain (Monte da Oração), os visitantes encontravam um lugar na areia e pediam a misericórdia e o favor de Deus. Não era um momento para palavras e clamores, mas para a Palavra de Deus penetrar no coração e na mente das pessoas.

Nesse lugar, lendo a Bíblia com o coração aberto, os versículos saltavam das páginas como fogo, tornando-se um alimento espiritual a ser degustado e que nos nutria e nos ajudava a voltar ao mundo do trabalho e dos desafios.

Caminhar por lá e ver as árvores do Prayer Garden (Jardim da Oração) começando a crescer fazia com que todos os pensamentos de falta de perdão desaparecessem. Essa era uma poderosa catedral espiritual onde a Oração do Senhor ganhou vida.

*"O pão nosso de cada dia dá-nos hoje; e perdoa-nos as nossas dívidas, assim como nós temos perdoado aos nossos devedores; e não nos deixes cair em tentação; mas livra-nos do mal."* (Mateus 6:11-13)

# VIGÍLIAS DE ORAÇÃO

Desde os primeiros tempos, os membros da igreja se reuniam no "Antigo Local" para fazerem vigílias noturnas. Entre os primeiros membros da igreja estavam os primeiros guerreiros de oração, aqueles que passariam a viver uma vida separada. Dedicariam o seu tempo, não para fazer barulho e dizer palavras, mas para pedir ao Senhor Deus do Universo, Aquele que foi, é e virá, que protegesse e cumprisse o destino deste humilde homem de Arigidi, Estado de Ondo.

Na verdade, observamos que mesmo aqueles que limpam as instalações do Prayer Mountain (Monte de Oração) se dedicam à oração, seguindo o exemplo da mãe de T.B. Joshua, que orava: "Limpe minha vida, como eu limpo sua casa". O Prayer Mountain (Monte de Oração) não é um lugar comum.

Visto que os membros da igreja eram convidados e bem-vindos a orar, como orar sempre foi a questão; que tipo de oração não é apenas "dizer palavras ao vento"? Esse não era o tipo de oração que apresenta uma lista de pedidos para Deus atender ou que segue sua direção a partir da situação imediata e de suas necessidades aparentes, mas sim a oração para manter o nosso coração alinhado com a Palavra de Deus:

## O PROFETA NO MONTE

*Aceite-me como eu estou, ó Senhor, Tu ainda podes me purificar*
*Porque ninguém é muito bom ou muito ruim para se qualificar para a salvação*
*Tudo de que eu preciso é sua misericórdia e favor*
*Sujo como estou, ó Senhor, Tu ainda podes me purificar*
*Não me consoles até que Tu me limpes*
*Deixe sua misericórdia e favor falarem por mim*
*Crie em mim um coração limpo e renove dentro de mim um espírito fiel*

*Ó Espírito Santo, inspire-me para que meus pensamentos sejam todos santos*
*Ó Espírito Santo, atue em mim, para que meu trabalho seja santo*
*Ó Espírito Santo, fortaleça-me, para eu defender tudo o que é santo*
*Ó Espírito Santo, guie-me, para que eu sempre possa andar em santidade*
[música]
*A oração é a chave; a oração é a chave*
*A oração é a chave-mestra.*
*Jesus começou com oração e terminou com oração.*
*A oração é a chave-mestra.*

T.B. Joshua comparecia às vigílias de oração e caminhava entre os membros, muitas vezes entregando profecias pessoais, mas também profetizava no âmbito nacional ou internacional. Nós nos lembramos de uma dessas vigílias em que ele disse: "Nosso novo presidente usará um chapéu Bayelsa", e apontou para um homem que usava um chapéu desse tipo. Meses depois, quando o presidente Goodluck Jonathan foi eleito, ele nunca foi visto sem seu famoso chapéu, confirmando a profecia.

À medida que os enormes eventos internacionais do Evangelho (cruzadas) estavam se desenvolvendo, localizar um Prayer Mountain (Monte de Oração) em diferentes países passou a ser uma parte integrante da preparação. Por exemplo, na Colômbia, a acomodação para T.B. Joshua foi no alto de um monte físico acessado por uma estrada estreita, e ali, com a natureza diante dele e uma cabana rústica simples para dormir, o homem de Deus orava. Em seu discurso de abertura na Conferência de Pastores, o organizador local fez referência específica sobre como isso o impactou significativamente. Nunca antes ele havia conhecido um pregador internacional que, ao chegar, não queria ser levado a um hotel para descansar, mas sim para um monte para orar.

## Chamados do Monte

Quando estávamos viajando para orar pelas pessoas com a água ungida, todas as ligações que recebíamos de nosso mentor eram sagradas e geralmente feitas do Prayer Mountain (Monte de Oração). Eram interações sagradas, e não interações de negócios. Como qualquer pessoa que teve o privilégio de receber um telefonema dele sabe, essas não são conversas comuns. Como ele revelou durante um sermão, ele está ouvindo as instruções de cima ao mesmo tempo em que diz: "Olá. Como vai?" O homem de Deus equilibra sua vida absorvendo a vida de Cristo e a distribuindo.

Uma dessas ligações transformadoras de vida aconteceu por volta das 3 da manhã. Naquela noite, após os primeiros cultos com a água ungida em Kazan, Rússia, estávamos dormindo em beliches em um apartamento de um quarto com uma família de quatro pessoas. No meio da noite russa, o telefone tocou: "É o Dr. Gary? Aguarde que o homem de Deus vai falar com você". O sorriso na voz de nosso mentor percorreu quilômetros da África à Rússia naquele quarto e definiu o cenário para o resto de nossa jornada. Ele estava se referindo aos testemunhos que havíamos enviado.

"Eu vi o que está acontecendo; é maravilhoso. Vocês devem ir de país em país e voltar de vez em quando para pegar mais água ungida."

Lá no minúsculo quarto, ao lado dos beliches, às 3 da manhã no horário russo, nós nos ajoelhamos no tapete gasto para agradecer a Deus, e a presença do Espírito Santo encheu o quarto. Era como se estivéssemos no Prayer Mountain (Monte da Oração) ouvindo um ensino da Bíblia ou no gabinete da igreja com T.B. Joshua.

Poucos meses depois, chegamos a Rostov-on-Don e descobrimos que o pastor havia reunido mais de 500 pessoas, incluindo outros pastores, para uma conferência de cura de quatro dias. Olhamos um para o outro um pouco surpresos.

Naquela noite, conseguimos falar com nosso mentor por telefone e simplesmente dissemos: "Senhor, há muitas pessoas aqui e vieram em busca de cura". A resposta foi imediata:

"Jesus está convosco; será como se Jesus estivesse orando."

E foi isso que aconteceu. Houve testemunhos de pessoas deixando cair bengalas, dobrando os joelhos sem dor de artrite pela primeira vez em anos, e muitas outras curas.

Há algo sobre uma palavra falada de coração, influenciada pelo Espírito de Deus. As palavras não transmitem apenas informações, mas podem transmitir fé e vida. Em um de seus sermões, T.B. Joshua explica as duas linguagens que podemos usar:

> "Existe a *linguagem da Bíblia*, que é a linguagem do coração, que Deus usa para nos salvar, nos criar, julgar e governar sobre nós. Também existe a *linguagem de hoje*, que usamos para fofocar, orientar e fazer política.
>
> Quando usamos a linguagem de hoje, não queremos dizer o que dizemos. Mas quando usamos a linguagem da Bíblia, falamos sério.
>
> As pessoas costumam usar a linguagem de hoje para orar, e é por isso que tudo o que dizem na oração parece não ser permanente; suas orações são meras palavras.
>
> Mas quando a Palavra está em seu coração, ela o impedirá de desejar o pecado. Precisamos da Palavra de Deus em nosso coração para trazer Jesus à cena."[47]

## Ensinamento na Cabana de Oração

Foi em 2004. Estávamos sentados com nossas Bíblias em uma pequena cabana redonda de oração com um telhado de bambu no Prayer Mountain (Monte de Oração), quando a porta se abriu. Para a nossa surpresa, T.B. Joshua entrou e se juntou a nós. Sentado no chão de costas para a parede, ele começou a falar sobre o exemplo de Daniel no Antigo Testamento. Não foi um bate-papo nem uma discussão de negócios,

---

47  *A fé vem do coração do homem*, T.B. Joshua, 16 de setembro de 2018, culto de domingo

mas um momento de ensino pessoal.

Muitas vezes, viríamos a consultar no futuro as nossas anotações rabiscadas, feitas enquanto ele falava conosco. Pudemos comprovar que elas eram proféticas. Na verdade, como ele ensinaria mais tarde em um sermão dominical, a profecia não é apenas predizer o futuro, mas também pregar e ensinar a Palavra de Deus com poder (o poder de transformar os ouvintes).

*Uma cabana de oração no Monte de Oração em 2004*

"Esta é uma época perigosa, uma época difícil, como a época de Daniel e de Sadraque, Mesaque e Abednego. Está chegando o fim do mundo, quando vai acontecer tudo o que a Bíblia diz. Mas um momento de crise é um momento de prazer no Espírito.

Quando o decreto foi publicado, os detratores de Daniel foram ver sua reação; ele ainda estava orando abertamente e agradecendo a Deus. Daniel não reclamou antes de entrar na cova dos leões; ele não murmurou, não caiu em um estado de autopiedade nem chorou. Ele tinha todo o direito de sentir pena de si mesmo, já que era um cativo, e seu pai e sua mãe não estavam lá. Mas ele sabia que antes que o ouro se torne ouro, ele tem que passar pela fornalha.

O mesmo se dá com Paulo e Silas: eles foram severamente espancados sem terem feito nada de errado; você poderia ter esperado autocomiseração. Mas eles continuaram orando a Deus e saíram mais fortes daquela situação.

Para os cristãos, Deus está sempre um passo à frente. Depois que as provações provaram sua fé, eles se tornaram estadistas. Daniel jantou com reis. Seu relacionamento com Deus atingiu um novo patamar.

# O PROFETA NO MONTE

Todo mundo tem suas próprias dificuldades. Por exemplo, para o Sr. A, pode ser pobreza, para o Sr. B, doença; para o Sr. C, depressão e para o Sr. D, perseguição — crises diferentes. Se for a vontade de Deus que o Sr. A experimente a pobreza, ele sairá dela mais forte.

Como sabemos se é a vontade de Deus? Quando estamos seguindo a Deus em verdade e fé, se algo acontecer, será a vontade de Deus. Mas se estivermos em pecado, não será a vontade de Deus.

Se você teme ou duvida ao passar pela provação, seu deus se tornará o deus do medo ou o deus da dúvida. Daniel sabia que Deus o salvaria; portanto, ele não murmurou. O que precisamos é que Deus esteja conosco em meio a uma provação, isso é o que Ele é para nós. Isso é o que Deus deseja que saibamos neste momento.

Existem muitas batalhas em uma guerra. Vencer uma batalha não significa obter a vitória completa. Em meio à provação, Seu nome é "Eu sou quem eu sou" e "o Inabalável e Confiável". Deus nunca se esquiva de uma crise, mas a vê como um desafio. O rei viu o quarto homem na fornalha, como o Filho de Deus.

Deus é o Deus do fogo (Elias no Monte Carmelo, as línguas de fogo no Pentecostes, a sarça ardente, o Monte Sinai). Sua Palavra é comparada ao fogo. A melhor forma de combater o fogo (desafio) é com fogo (Palavra de Deus; presença de Deus).

Precisamos de um momento de silêncio, um tempo sozinhos. Não em casa, onde travamos a batalha, mas devemos encontrar um lugar na natureza. Medite e veja o mundo de forma diferente, como um lugar para receber.

Qualquer dificuldade que estejamos enfrentando nos levará a outro nível. Permita que Deus faça Sua obra; não O ajude com uma alternativa. Se Daniel tivesse usado uma alternativa, eles não iriam saber qual era o verdadeiro Deus.

Existem muitos deuses: infidelidade, indelicadeza, dúvida, medo. Esses são anjos maus trabalhando contra Deus. Eles sabem que você está no Prayer Mountain (Monte de Oração) e estão trabalhando. Eles estão procurando pessoas para seu reino. Portanto, temos que vigiar e orar. Eles veem as pessoas que querem ser fiéis e estão procurando uma brecha de infidelidade para entrar. Eles entram por meio de dúvida e infidelidade, etc.

Jesus disse: "passa de mim este cálice", mas então o anjo o corrigiu, e Ele viu que tinha que ser a vontade de Deus, não a Dele. Os anjos também estão prontos para nos ajudar.

Ninguém está isento de cometer erros; basta arrepender-se imediatamente, e não haverá registro do erro. Não há registro para quem percebe seus erros imediatamente. Nós o reconhecemos imediatamente através da consciência da Palavra de Deus. Sua vida, portanto, depende de conhecer a Bíblia. É um guia para tudo o que você precisa. Faça da Palavra de Deus o padrão para sua vida.

A única maneira de ser eficaz para Deus é permanecer focado. Você tem que traçar seu curso sozinho. O plano de Deus para cada um de nós é entre Deus e cada pessoa. Justiça é um dom de Deus. Todo mundo tem; você só precisa estar ciente disso (como uma caneta no bolso). Tudo o que Deus deseja que você seja está dentro de você. Para fazer uso disso é pela fé. Não existe fracasso e dúvida na mente de Deus, e fomos feitos para ser como Ele.

Ao enfrentar crises (que fazem parte da vida), olhe fundo o suficiente para ver a causa. Quando o decreto foi publicado, Daniel foi ao cenáculo para orar. Ele estava orando para que o decreto fosse alterado. Se esta oração tivesse sido atendida, ele não teria ido para a cova dos leões. Compare a glória de Deus entre a cova dos leões e se esta oração tivesse sido respondida!

Se Deus planeja levá-lo a um lugar onde você nunca esteve, e você está orando para ir aonde você já esteve antes, você não conseguirá mudar o plano de Deus. Daniel não podia orar sobre a cova dos leões porque ele nunca tinha estado lá antes. Quando Daniel foi sentenciado, ele permaneceu firme e não mudou sua crença ou confiança, embora sua oração não tivesse sido atendida. É melhor não ser específico na oração.

Quando você lê sobre os generais de Deus, eles oram para que a vontade de Deus seja feita e louvam a Deus; Paulo e Silas louvaram a Deus; eles não estavam pedindo a Deus para remover as correntes. Hoje, quando pedimos a Deus muitas coisas específicas, ficamos desapontados. Permita que o Espírito Santo faça os pedidos; Ele é o intercessor. Jesus orou para que a vontade de Deus fosse feita em vez de orar para deixar o cálice passar.

Experiência é o melhor mestre. Cada ministro tem seu jeito próprio de se aproximar de Deus."

## Um lugar sagrado

O Prayer Mountain (Monte de Oração) é um lugar físico, mas o conceito vai além; trata-se de um coração santo, um coração puro. É, portanto, mais do que um local físico; é um lugar santo.

Outro local sagrado na SCOAN é a área do altar no auditório da igreja. Nos primeiros dias, os membros da igreja corriam para orar lá assim que o culto terminava. Essa foi a época do altar redondo.

Na época em que a SCOAN estava se tornando um lugar de peregrinação mais proeminente,

*O Profeta T.B. Joshua ora no altar da SCOAN em 2019*

dia e noite, podia-se ver homens e mulheres (em áreas separadas) ajoelhados reverentemente ou deitados de bruços, com suas Bíblias ao lado, em frente ao altar. Por quê? Eles estavam se preparando para o culto de domingo, preparando o coração deles para receber.

Após a construção do altar mais novo, foram feitos os Cultos de Água Viva, onde a água que havia sido ungida em nome de Jesus era enviada para torneiras na parte superior da área do altar. Antes de subir as escadas para coletar essa água, a pessoa ficava prostrada na área do altar principal. As curas e libertações resultantes desses cultos foram muitas e variadas.

A frase que circulava do lado de fora da igreja e entre os visitantes era: "Vamos orar no altar da SCOAN". Esperando, pacientemente, em uma longa fila (que, às vezes, se estendia até o lado de fora da igreja e descia pela estrada movimentada), as pessoas esperaram pela sua vez.

Em um culto da "Água Viva", realizado na segunda-feira, 3 de fevereiro de 2020, uma menina de 12 anos teve uma visão celestial enquanto derramava um pouco da água em seus olhos no altar da SCOAN:

*Menina tem uma visão celestial no altar da SCOAN*

"Tem um Homem lá; Ele é alto! Ele está vestindo uma roupa branca", ela exclamou. "Ele disse: 'Arrependa-se; Eu voltarei em breve. Traga pessoas para a Minha igreja; traga mais almas.'"

Durante todo esse período, seus olhos permaneceram fechados enquanto ela proclamava: "Seu rosto está brilhando" e "a luz é muito forte".

De repente, a jovem caiu no chão e pareceu despertar do transe. Confusa com a atenção que a rodeava, ela contou emocionada o que acabara de testemunhar.

"Em Sua cabeça havia uma grande coroa e Ele estava sentado em um trono", observou ela, acrescentando que viu fumaça envolvendo a cena celestial.

A jovem ficou chocada ao saber que ninguém mais havia visto o que ela tinha visto tão vividamente.

"As pessoas estão indo no caminho errado; devemos trazê-las de volta à igreja", ela implorou.

"Não há desculpa para ficar surpreso com a incerteza dos próximos eventos", T.B. Joshua declarou ao postar um vídeo desse encontro na Internet naquela semana: "A incerteza da hora da volta de Cristo exige vigilância redobrada. Não esperemos outro sinal do Céu para nos convencer da importância primordial de aproveitar ao máximo a vida hoje, porque só o hoje nos pertence; o amanhã não."[48]

Essa visão lembra um pouco algumas ocorrências de anos atrás na Igreja St Mary em Everton, Bedfordshire, Inglaterra. John Wesley registra em seu diário uma entrevista com uma garota de 15 anos chamada Alice, que entrou em transe:

> Eu a encontrei sentada em um banquinho e encostada na parede, com os olhos abertos e fixos para cima. Fiz um movimento como se fosse atacá-la, mas seus olhos continuaram imóveis. Seu rosto mostrava uma mistura indescritível de reverência e amor enquanto lágrimas silenciosas escorriam por seu rosto. Seus lábios estavam um pouco abertos e, às vezes, se moviam; mas não o suficiente para emitir qualquer som.
>
> Não sei se alguma vez vi um rosto humano tão bonito; às vezes, estava coberto por um sorriso, como de alegria, mesclando-se com amor e reverência; mas as lágrimas continuavam caindo, embora não tão rápido. Seu pulso estava bastante regular. Em cerca de meia hora, observei seu semblante mudando para a expressão de medo, pena e angústia; então ela caiu em prantos e clamou:
>
> — Querido Senhor; eles serão condenados! Todos eles serão condenados!
>
> Mas em cerca de cinco minutos seu sorriso voltou, e apenas amor e alegria apareceram em seu rosto.
>
> Por volta de seis e meia, observei a expressão de angústia voltar; e logo depois ela chorou amargamente e gritou:
>
> — Querido Senhor, eles irão para o inferno! O mundo irá para o inferno! Logo depois, ela disse:
>
> — Chore em voz alta! Não segure!
>
> E, em alguns momentos, seu olhar se recompunha e ela falava

---

48 *"Jesus está voltando!" A visão celestial chocante da garotinha*, postagem no Facebook do ministério TB Joshua Ministries, 6 de fevereiro de 2020

em um tom que revelava um misto de reverência, alegria e amor. Então ela disse em voz alta:

— Dê glória a Deus.

Cerca de sete de seus sentidos voltaram. Eu perguntei:

— Onde você esteve?

— Eu estive com meu Salvador.

— No céu ou na Terra?

— Eu não sei dizer; mas eu estava na glória.

— Por que então você chorou?

— Não chorei por mim, mas sim pelo mundo; pois vi que as pessoas estavam prestes a irem para o inferno.

— A quem você disse para dar glória a Deus?

— Ministros que clamam em voz alta para o mundo; caso contrário, eles ficarão orgulhosos; e Deus os deixará, e eles perderão suas próprias almas.[49]

## UM PROFETA EM NOSSO TEMPO

Era janeiro de 2002, e o culto na SCOAN estava chegando ao fim. O Profeta T.B. Joshua caminhava de um lado para o outro ao longo de uma pequena varanda elevada na parte de trás do auditório, o lugar onde ele geralmente fazia os anúncios das próximas vigílias de oração ou de outras reuniões. Mas desta vez, havia uma atmosfera particularmente sombria, muito silenciosa e sem emoção, ele estava alertando as pessoas que deveriam ir direto para casa. Ele mencionou, especificamente, o distrito de Ikeja referindo-se a uma profecia anterior que alertava sobre explosões. Por ser um visitante bastante recente, Gary achou difícil interpretar o que estava acontecendo, mas as pessoas entenderam a mensagem e se dispersaram silenciosa e rapidamente.

*Então, cerca de duas ou três horas depois, ouvimos o estrondo e vimos um flash de luz à distância. Mais tarde soubemos que havia ocorrido uma grande*

---

49 Wesley, J. (1827), *The Journal of the Rev. John Wesley* (O diário do Rev. John Wesley), Volume 2. J. Kershaw. Anotação de 6 agosto de 1759, p. 454

# O profeta no Monte

*explosão em uma instalação militar na área de Ikeja, em Lagos, com muitos mortos e feridos. Na manhã seguinte, vimos o complexo da igreja cheio de pessoas que haviam fugido das áreas próximas à explosão, que haviam se refugiado na igreja durante a noite. Os obreiros da igreja as confortaram, e T.B. Joshua forneceu comida, roupas e apoio financeiro.*

Aqui estava a evidência de que realmente havia um profeta em nosso meio.

## Eleições presidenciais de Gana

*"Mama Fiona, irmãs", ouvi passos correndo sem fôlego e então a porta do escritório onde eu e outros estávamos ocupados respondendo aos e-mails foi aberta: "Ele venceu, ele vai ser o presidente e a profecia foi cumprida!"*

*Nós nos levantamos, regozijando: "Emanuel, Deus conosco! Deus fez isso acontecer."*

O que estava acontecendo? Uma palavra profética dada por T.B. Joshua estava se cumprindo, e um presidente de uma nação seria empossado.

Posteriormente, em 11 de janeiro de 2009, houve um culto de domingo com a presença pessoal do presidente Atta Mills, apenas quatro dias após sua posse como presidente de Gana. Lá, ele agradeceu publicamente a Deus pelo privilégio de estar no cargo que agora ocupava e honraria o T.B. Joshua como amigo e mentor e profeta do Deus Todo-Poderoso. Aqui está um trecho do que o vimos dizer naquele dia:

*Presidente Atta Mills de Gana na SCOAN em 11 de janeiro de 2009*

> "Quando eu disse a ele [Profeta T.B. Joshua] que nossas eleições seriam no dia 7 de dezembro e que havia a possibilidade de que os resultados fossem anunciados nos dias 8, 9 ou 10 de dezembro, ele olhou para mim por algum tempo, sorriu e disse: "Não vejo dessa forma; posso ver três eleições diferentes à sua frente... e os resultados serão divulgados em janeiro." Eu estava me perguntando, se houver um segundo turno e o

segundo turno costuma ser no dia 28 de dezembro, em dois dias o comissário eleitoral chegará com o resultado — como é que isso vai se estender até janeiro? Bem, guardei essas palavras em minha memória. As eleições foram no dia 7 de dezembro e correu tudo bem. Houve um segundo turno em 28 de dezembro e, em seguida, tivemos uma terceira eleição em um distrito eleitoral, e os resultados foram anunciados em janeiro."[50]

Mais tarde naquele ano, nós nos juntaríamos ao T.B. Joshua em uma visita a Gana, onde nos encontraríamos pessoalmente com o Presidente Atta Mills e ouviríamos de seus próprios lábios seu testemunho do significado daquela profecia e do incentivo e conselho que recebera do profeta.

## Uma "grande estrela"

No domingo, 4 de janeiro de 2009, o Profeta T.B. Joshua revelou uma mensagem profética a respeito de uma grande estrela que faria uma jornada sem volta:

> "Estou vendo uma grande estrela sobre a qual o mundo está gritando: "Ei, ei, ei!" Em sua área, ele é famoso, ele é conhecido em todos os lugares. Excelente, um dos melhores! Vejo que algo vai começar a acontecer com aquela estrela, o que poderá levá-lo a fazer as malas e partir para a jornada sem volta. Mas não sei quando será essa viagem."

Houve outro momento, em 12 de junho de 2009, quando a advertência profética foi feita mais diretamente. O homem de Deus disse que Michael Jackson precisava vir à SCOAN para ser liberto. Ele sabia que nem tudo estava bem e transmitiu especificamente essa mensagem por meio de Tee-Mac, um famoso músico local que era amigo da família Jackson.[51]

Então, na quinta-feira, 25 de junho de 2009, o ícone da música internacional e a estrela pop mais famosa dos tempos modernos, Michael Jackson, morreu inesperadamente após uma parada cardíaca em Los Angeles, Califórnia. Nesse dia, vimos o noticiário espantados com a cobertura da morte que foi exibida várias vezes em todas as grandes redes. Aquele

---

50 *Discurso do Presidente Atta Mills de Gana*. Culto de domingo na SCOAN, 11 de janeiro de 2009
51 *Morte dentro de casa: o irmão de Michael Jackson corre para TB Joshua*, The Nigerian Voice, 2 de agosto de 2009

# O profeta no Monte

músico talentoso cruzou as fronteiras alcançando todas as raças, cores e credos. Comovidos, vimos a filmagem e ficamos perplexos!

No domingo seguinte, Tee-Mac explicou publicamente durante o culto na SCOAN sua dor ao ouvir sobre a morte, e como ele gostaria de ter feito mais esforço para convencer a estrela a visitar a SCOAN seguindo a mensagem pessoal dada a ele pelo Profeta T.B. Joshua.

Mais tarde naquele ano, um membro da família Jackson veio à SCOAN para testemunhar o culto e conhecer o T.B. Joshua em particular. Tudo isso aconteceu durante um dos períodos em que moramos na SCOAN, e admiramos a maneira discreta e sensível com que essa visita foi tratada.

Realmente, uma grande estrela havia feito uma viagem sem volta.

## O profeta chorão

*"Eu choro de dor por causa da devastação sofrida pelo meu povo. Choro muito, e o desânimo se apoderou de mim."* (Jeremias 8:21, NBV)

No início de setembro de 2019, na África do Sul, houve uma série de ataques de grupos locais contra estrangeiros, muitos dos quais eram nigerianos. A agitação estava aumentando e a retaliação e uma escalada de violência pareciam inevitáveis.

O Profeta T.B. Joshua não pregou no culto de domingo na SCOAN de 8 de setembro. Na verdade, ele não participou do culto, exceto para ficar na fila de mãos dadas com o coral da SCOAN no palco enquanto eles cantavam uma música de sua composição intitulada *Africa Unite (África Unida)*! Ele ficou visivelmente comovido e derramou lágrimas durante a música:

> *Africa unite (África unida)*
> *[Africa remember where we are coming from]* (Lembre-se de onde viemos)
> *Africa unite (África unida)*

*[Africa let us unite] (África vamos nos unir)*
*We need each other (Precisamos uns dos outros)*
*We need one another to grow (Precisamos que todos nós cresçamos)*
*Africa unite (África unida)*

*The South cannot do it alone (O Sul não pode fazer tudo sozinho)*
*The West cannot go alone (O Oeste não pode ir sozinho)*
*The East cannot do it alone (O Leste não pode fazer tudo sozinho)*
*The North cannot go alone (O Norte não pode ir sozinho)*
*We need each other (Precisamos uns dos outros)*
*We need one another to grow (Precisamos que todos nós cresçamos)*
*Africa unite (África unida)*

Durante as duas semanas seguintes, a SCOAN recebeu cerca de 200 repatriados nigerianos na igreja para ouvir seus testemunhos e lhes dar algum apoio tangível na forma de doações em dinheiro que totalizaram 15 milhões de nairas. As histórias dos repatriados explicaram o impacto da música e das lágrimas do Profeta T.B. Joshua:

> "Antes daquela música do Profeta T.B. Joshua, havia raiva na comunidade nigeriana. Estávamos mandando mensagens para a Nigéria, compartilhando vídeos horríveis e conclamando nosso povo a se vingar dos ataques. Mas depois daquela música, fui liberto daquela raiva, das más intenções, dos ressentimentos. Foi uma autolibertação. Percebi que nosso inimigo não é a aparência física, mas seres que não são de carne ou sangue: seres espirituais."
>
> (Sr. Stanley, repatriado nigeriano)[52]

> "As lágrimas que o Profeta T.B. Joshua derramou no último domingo durante a transmissão ao vivo do culto de domingo salvou muitas vidas."
>
> (Sr. Nwaocha, repatriado nigeriano)[53]

> "Foram as lágrimas do homem de Deus que fizeram a polícia nos ajudar e nos salvar dos agressores. Devemos mostrar amor

---

[52] *Repatriados da África do Sul narram momentos muito difíceis*, P.M. News (Nigéria), 20 de setembro de 2019
[53] *Repatriados sul-africanos recebem ajuda financeira da SCOAN*, Nigerian Tribune, 15 de setembro de 2019

# O profeta no Monte

uns aos outros."

(Sr. Ogbonna, repatriado nigeriano)[54]

## Era da Pandemia

O "Faith Resort Ground" (Campo da Fé) ou "Prayer Mountain" (Monte de Oração) foi um projeto que levou muitos anos para ser desenvolvido. A "floresta" pantanosa foi cuidadosamente drenada por trabalhadores, muitas vezes trabalhando de forma manual em barcos simples para remover os juncos. Com o tempo, isso criou uma extensão de água. Com suas pequenas ilhas, este lago se tornou um refúgio para pássaros, e o pôr do sol veria o céu cheio deles. Macacos pequenos, pavões e antílopes dóceis, bem como galos ornamentais, também podiam ser vistos.

*O Prayer Mountain (Monte de Oração) no início de 2021*

Lentamente, a grande área do Prayer Garden (Jardim de Oração) surgia com novas árvores escolhidas para fornecer sombra aos peregrinos em oração. Canais de drenagem especiais foram criados para que as chuvas tropicais se dispersassem rapidamente e, por fim, foi construída a Prayer Walkway (Passarela da Oração) ao redor do lago, sendo concluída em 2020.

Do lado de fora do Prayer Mountain (Monte de Oração), o tráfego rugia e a movimentada vida da megacidade continuava fervilhando; mas emergiu um oásis de natureza e paz dentro daqueles muros altos.

Uma lembrança que se destaca foi a significativa passagem de 2019 para 2020 (quando o vírus que causou a pandemia COVID-19 já estava em ação na China). O homem de Deus escolheu passar esse tempo no Prayer Mountain (Monte de Oração) de Lagos com cerca de 300 visitantes, em vez de aparecer ao vivo na Emmanuel TV como um "influenciador" no início do Ano Novo. A "Prayer Walkway" (Passarela

---

54 Ibidem.

da Oração) já estava quase concluída, e no calor do dia, "para suar a carne", como T.B. Joshua nos encorajou, nós caminhamos e declaramos os pontos de oração:

> *Todo espírito de ofensa, você não é bem-vindo aqui! Saia da minha vida!*
> *Todo espírito de ódio, você não é bem-vindo aqui! Saia da minha vida!*
> *Todo espírito de imoralidade, você não é bem-vindo aqui! Saia da minha vida!*
> *Todo espírito de infidelidade, você não é bem-vindo aqui! Saia da minha vida!*
> *Toda dor do passado, você não é bem-vinda aqui! Saia da minha vida!*
>
> *Obrigado, Espírito Santo de amor, por perdoar meu ódio*
> *Obrigado, Espírito Santo de fé, por perdoar minha dúvida*
> *Obrigado, Espírito Santo de esperança, por perdoar minha autopiedade*
> *Obrigado, Espírito Santo de humildade, por perdoar meu orgulho*
> *Obrigado, Espírito Santo de paz, por perdoar minha raiva*
> *Obrigado, Espírito Santo de paciência, por perdoar minha murmuração*
> *Obrigado, Espírito Santo de bondade, por perdoar minhas más ações*

Como um profeta, um comunicador entre o visível e o invisível, ele profetizou, entre muitas outras profecias precisas, o ano do medo, dizendo: "Vocês não estão preocupados, mas eu estou muito preocupado". Aconteceu como previsto. O ano do medo que afetaria todas as nações estava prestes a nos atingir. Isso mudaria o que antes considerávamos vida comum de dentro para fora. Todas as nações seriam afetadas quando a praga do medo se apoderasse de todos, especialmente os países desenvolvidos com sua demografia consideravelmente mais velha e a preocupação com sistemas de saúde sobrecarregados. Igrejas em todos os lugares fecharam suas portas e se prepararam para ministrar "online".

"Eu sabia que um tempo como esse chegaria", disse o homem de Deus, referindo-se ao fechamento das igrejas. De fato, os esforços hercúleos ao longo dos anos para preparar a área do Prayer Mountain (Monte de Oração) como um lugar adequado para muitas centenas de pessoas com espaço abundante, ar fresco e a inspiração da natureza foram recompensados. Os parceiros da Emmanuel TV e os membros da igreja foram os primeiros beneficiários desse espaço abençoado.

Com o passar do tempo, T.B. Joshua seria visto ministrando aos parceiros da Emmanuel TV em oração no Prayer Mountain (Monte de Oração). Caminhando entre as árvores do jardim, um cenário silvestre, sem pressa, ele se movia entre as pessoas que se sentaram dispostas de maneira ordenada e socialmente distanciadas esperando aquele toque de Jesus. Os fiéis amigos e parceiros da Emmanuel TV esperaram muito tempo para receber aquele toque ungido. Era realmente ungido; problemas crônicos de saúde de longo prazo, como visão deficiente, mobilidade limitada e artrite desapareceram quando o pai deles no Senhor se moveu entre as árvores e o poder de Deus se fez presente para curar.

*T.B. Joshua ora pelos parceiros da Emmanuel TV no Jardim de Oração*

## Nossa vida espiritual

O Profeta T.B. Joshua sempre dizia:

> O primeiro lugar em que você deve prosperar é em sua vida espiritual.

Sem esse fundamento, qualquer outra forma de prosperidade não resistirá ao teste do tempo ou poderá acabar se tornando uma força destrutiva em vez de uma bênção.

Mas como desenvolvemos nossa vida espiritual? O sermão a seguir ajuda a esclarecer isso.

**NOSSA VIDA ESPIRITUAL**

*T. B. Joshua, culto de domingo da SCOAN, 7 de fevereiro de 2010*

Muitos de nós somos cristãos tradicionais acostumados a um método de oração ou outro. Não é o nosso corpo que ora, mas aquele que está dentro de nós (que não podemos ver) que ora. Existem duas naturezas em uma pessoa; o que podemos ver é a natureza humana. Não é apenas quando você abre os lábios que você está orando. Você pode orar e conversar com amigos ou pode orar e comer ao mesmo tempo.

Esta deve ser a vida normal de um cristão, ou seja, sua vida deve ser uma vida de oração. Você precisa meditar no nome de Jesus Cristo sempre dizendo: *"Senhor Jesus, tem misericórdia de mim; deixe a Tua misericórdia falar por mim; deixe o Teu favor falar por mim hoje".* Mas quantos cristãos fazem isso? Você só ora quando precisa.

Nosso problema é que somos muito mundanos e o que procuramos no mundo, que consome todo o nosso tempo, esforço e energia de qualidade, não estamos conseguindo obter. Essa é a coisa mais decepcionante. Por que então não podemos dedicar mais tempo à nossa vida espiritual e nos conectarmos e ver o que vai acontecer?

O resultado de você ter nascido de novo, de ser um crente, é o suficiente para dizer ao mundo quem você é, em vez de se apresentar. Hoje, você é aquele que implora às pessoas que o deixem orar por elas, em vez de elas implorarem por oração depois de reconhecer Jesus em você.

Você precisa de Jesus sempre, não apenas em um determinado momento. Você sabe que precisa de Jesus, mas não sabe o quanto precisa Dele. Você precisa que Ele coloque seus óculos, você precisa que Ele abra seus lábios, você precisa que Ele feche sua boca, você precisa que Ele olhe para trás ou para frente, mas você acredita que só precisa de Jesus quando há problemas ou dificuldades. É por isso que Satanás continua usando essa oportunidade; ele sabe a hora em que você O chama, a hora em que você precisa Dele. Nas horas em que você não está conectado, ele chega até você e ataca.

Quando você começa a achar que pode fazer certas coisas sozinho, está errado. Você deve depender Dele para tudo. O apóstolo Paulo diz: *"Tudo posso naquele que me fortalece"* (Filipenses 4:13), mas, hoje, nem tudo você faz por meio de Cristo. Você não olha através de Cristo; você não sorri por meio de Cristo; você não se levanta, se senta ou come por meio de Cristo.

Precisamos começar a construir nossa vida espiritual novamente. Quando você passar a meditar em Jesus o tempo todo, não terá tempo para lixo; você não irá aonde Jesus não é bem-vindo. Você deve estar em atitude de oração o tempo todo, e não ficar esperando até que eu diga: "Levante-se para a oração". O primeiro lugar em que você deve prosperar é em sua vida espiritual.

A nossa maior batalha ocorre em nosso coração. Dificuldades e decepções acontecerão primeiro em nosso coração, mas quando estamos em uma atitude de oração, todos esses pensamentos negativos desaparecem.

A situação de um cristão é para a glória de Deus, como aconteceu com Paulo:

*"Por causa disto, três vezes pedi ao Senhor que o afastasse de mim. Então, ele me disse: A minha graça te basta, porque o poder se aperfeiçoa na fraqueza."* (2Coríntios 12:8-9)

Quando Deus está ciente de sua situação, Ele manifesta a força Dele em sua fraqueza. Você pode prosseguir indefinidamente com o problema até que Ele decida removê-lo ou não. E se Ele decidir não removê-lo, você ainda pode viver o resto de sua vida em paz, porque não foi o espinho que matou Paulo.

Um cristão vive uma vida que vem de Cristo, e quando sua vida vem de Cristo, Ele estará ciente de tudo sobre ela, a menos que você não extraia seus recursos internos Dele. Quando Deus está ciente de sua situação, ela está sob controle. Sua situação está sob controle quando ela visa manter você em um novo nível na vida, quando ela se destina a fortalecer seu desejo por Deus, quando ela faz você orar mais e jejuar mais, e quando a situação tem a finalidade de preservar você para redenção.

Ainda no versículo 9, Paulo disse: *"...me gloriarei nas fraquezas"*, querendo dizer que sua fraqueza era diferente das outras. O objetivo das outras fraquezas é destruir, matar, mas o objetivo da fraqueza dele é preservá-lo, mantê-lo em um novo nível e prepará-lo para os desafios que virão. Se essa é a sua situação, por que murmurar, por que reclamar, por que duvidar, por que temer? É uma oportunidade para você honrar a Deus perante os homens.

Mas hoje, quando você está passando por qualquer probleminha, mesmo sem falar nada, as pessoas podem percebê-lo pela sua aparência. A compaixão das pessoas não poderá resolver o seu problema; ao contrário, poderá até piorar as coisas. Portanto, seja fiel a Deus. Em tempos bons ou difíceis, permaneça fiel a Deus.

Você faz parte de uma geração escolhida. Quando você não sabe quem você é, começa a se comparar com os outros. Retire sua situação de satanás, vendo-a como uma bênção e uma oportunidade de honrar a Deus perante os homens.

# Um homem do povo

"*Fiz-me fraco para com os fracos, com o fim de ganhar os fracos. Fiz-me tudo para com todos, com o fim de, por todos os modos, salvar alguns.*" (1Coríntios 9:22)

Hebreus 1, versículo 9, fala de Jesus Cristo, citando um dos Salmos:

*"Amaste a justiça e odiaste a iniquidade; por isso, Deus, o teu Deus, te ungiu com o óleo de alegria como a nenhum dos teus companheiros."*

Em suas relações com a humanidade em geral, outra imagem de T.B. Joshua surge, cheia de alegria, e ele se relaciona com cada pessoa: homem, mulher e criança no nível deles. Ele demonstra ser "todas as coisas para todos os homens", um homem de Deus e um homem do povo.

Talvez em nenhum lugar isso tenha sido mais evidente do que em lidar com pessoas reagindo a uma palavra profética ou fazendo perguntas no culto da igreja ao vivo. Vamos analisar uma cena que aconteceu um dia.

Um menino estava sentado ao lado de sua mãe bastante inquieto, e à medida que T.B. Joshua vai passando, ele começa a se comportar estranhamente devido à ação de espíritos malignos na vida dela. A mãe tenta explicar que é o menino que tem o problema (raiva), mas T.B. Joshua não aceita essa explicação. Enquanto a mãe está sob a influência do Espírito Santo, ele está orando por ela e, ao mesmo tempo, fazendo com que a criança se sinta à vontade.

Tudo registrado pela câmera, e para que os telespectadores do mundo todo vissem, T. B. Joshua primeiro pergunta ao menino o que está em seus bolsos e, em seguida, ele pega o minipaletó do menino e tenta vesti-lo. O rosto do pequeno se ilumina e uma onda de risos se espalha por seu rosto. Você pode ver pela linguagem corporal que ele relaxa: "Então, esse homem grande, adulto, neste lugar grande é um cara engraçado. Gostei desse homem". A cena termina com ele levando T.B. Joshua pela mão feliz; juntos, eles caminham em direção à sua mãe, que agora terminou sua libertação. Ele então diz para a mãe: "Ele é um bom menino, depois vejo vocês dois".

> Em uma situação em que há tensão e pressão, rir se torna um grande alívio.

Um casal veio orar, com o marido reclamando que a esposa consultava a Bíblia antes de tomar qualquer atitude, incluindo questões de intimidade conjugal. Parecendo sério e investigando mais profundamente, ele questionou o marido exasperado cujas histórias revelavam um espírito religioso maligno por trás das ações de sua esposa. Abordar o assunto com seu humor gentil expôs o espírito religioso supersticioso, o qual poderia levar a pessoa a uma doença mental, caso não fosse liberta. O exemplo falou como uma parábola viva para a igreja e para um público mais amplo.

Dando-lhe a Bíblia, ele pediu que ela mostrasse como a consultava, abrindo aleatoriamente e decidindo que barraca de mercado visitaria para comprar inhame. À medida que os exemplos ficavam cada vez mais ridículos, o riso da igreja provou ser uma maneira adequada de expor a força maligna em ação. Após a libertação, o casal veio dar seu testemunho: um casamento restaurado e um futuro brilhante pela frente.

Tudo pode acontecer a qualquer momento em um culto da SCOAN. Em um minuto, a congregação, geralmente vestida de maneira esplêndida com trajes locais de algodão brilhante, caía na gargalhada; em outro minuto, uma profecia era liberada: "Alguém aqui tem uma arma. Apresente-se. Deus vai libertar você". Um homem então veio para a frente, atraído pela influência do Espírito Santo, e, ao levantar a perna de suas calças, uma faca de trinta centímetros pôde ser vista, amarrada em sua panturrilha.

## Acessível, mas intocável

Estava no meio do culto e podia-se ouvir, vindos de fora, sons de tiros! Havia ladrões armados na rua, ameaçando causar estragos com uma arma carregada. Nas ruas lotadas, apinhadas de gente, seria possível causar uma carnificina rapidamente.

*T.B. Joshua mostra a arma recuperada de ladrões armados*

Calmamente T.B. Joshua saiu, aproximou-se dos ladrões no meio da multidão, exigiu a arma e levou-a para a igreja e continuou sua pregação.

Em outra ocasião, um homem carregando ácido saltou para dentro do carro no qual T.B. Joshua estava prestes a entrar para voltar da igreja para o Prayer Mountain (Monte de Oração). O homem de Deus falou uma palavra de autoridade, e o homem "congelou" e foi incapaz de praticar sua má ação.

Caminhando em meio à multidão de pessoas na igreja, o Profeta T.B. Joshua comentou que, andando com Deus, ele era "acessível, mas intocável".

Esses incidentes não se limitaram às instalações da igreja nem mesmo à Nigéria.

"Rápido, detenham-no; para onde ele está indo?" O homem corpulento foi direto para a área de oração, correndo propositalmente em direção ao T.B. Joshua, pretendendo derrubá-lo no chão.

"O que está acontecendo?" Ao chegar bem perto do Profeta, foi como se ele tivesse batido contra uma parede sólida e caiu no chão, sem conseguir se levantar.

Isso não foi em Lagos, mas a milhares de quilômetros, em Cingapura.

Lemos sobre um fenômeno semelhante com alguns detalhes nos

diários dos fundadores do Metodismo, John e Charles Wesley, que ocasionalmente eram atacados por turbas violentas durante seus esforços de pregação ao ar livre. Não era incomum que os líderes da turba mudassem de lado e começassem a protegê-los, ao ficarem sob o poder da palavra falada com amor e fé. Um bandido proeminente chamado Munchin teve essa experiência e, tendo decidido matar John Wesley, acabou protegendo-o do resto da multidão. Charles Wesley escreveu sobre ele:

> Munchin, o ex-capitão da turba, tem estado constantemente sob a Palavra desde que salvou meu irmão. Eu perguntei o que ele pensava dele. "Meu pensamento a respeito dele!" disse ele: "Penso que ele é um homem de Deus, e Deus estava ao seu lado, visto que nós sendo muitos não conseguimos matar um único homem."[55]

Voltando ao presente, um grupo de militantes veio à SCOAN porque eles estavam cansados da violência e do desejo implacável de derramamento de sangue e queriam libertação.[56] Eles viram em T.B. Joshua um homem de quem eles podiam se aproximar. Como ele disse: "Ninguém é tão mau e ninguém é tão bom que não possa receber a salvação".

## Danças e celebrações

O que a câmera estava mostrando? Uma cena que mostrava abaixo dos joelhos pés girando e batendo vigorosamente no chão. Quem era a pessoa? Agora podemos ver; era T.B. Joshua dançando como todos ao redor da alegre cacofonia de instrumentos, tambores africanos e vozes. Era o culto de domingo ao vivo em que todos estavam aproveitando a oportunidade de louvar a Deus com um pouco do ritmo genuíno da África Ocidental, incluindo o pastor.

*T.B. Joshua dança durante um momento de louvor*

---

[55] Jackson, T. (Ed.) (1849). *The Journal of the Rev. Charles Wesley* (O diário do reverendo Charles Wesley). Anotação do dia 25 de outubro 1743

[56] *Militantes nigerianos se rendem na igreja!* Ministério T.B. Joshua Ministries, postagem no Facebook de 26 de junho de 2019

As celebrações do Ano Novo viram este amor pela dança ser elevado a um nível diferente. Primeiro, havia uma refeição para os visitantes, que haviam vindo para o retiro espiritual de uma semana, e para todos os obreiros da igreja. Depois de degustar o delicioso cardápio de comida local e internacional, começaram as competições de dança. Primeiro, as diferentes nações tomaram a pista e, em seguida, os departamentos ministeriais da igreja.

Os mestres de cerimônia oficiais anunciavam os resultados com grande seriedade. Às vezes, T.B. Joshua enviava uma mensagem aos evangelistas e, antes que percebêssemos, todos apareciam ao vivo na Emmanuel TV. Os telefones começaram a tocar enquanto as mensagens de texto e de Whatsapp transbordavam, especialmente vindos de países sul-africanos, dizendo: "Estou assistindo vocês; boa dança; gostaria de estar aí!"

## Boxeando no Espírito

Havia poucas coisas que os robustos membros da igreja local, especialmente os musculosos homens nigerianos, curtiam mais do que os encontros de poder que o Espírito Santo ocasionalmente permitia T.B. Joshua ter com boxeadores ou lutadores conhecidos.

Embora os que assistiam rissem bastante, esses encontros ajudavam a edificar a fé e a envergonhar o diabo.

Teve o boxeador que veio para receber uma libertação, e T.B. Joshua disse: "Vou golpear você no espírito". O boxeador, um nigeriano alto com bíceps protuberantes, se alinhou automaticamente. Embora ele quisesse a libertação, certamente esse homem de tamanho mediano e que não lutava boxe não iria derrubá-lo. Como ficaria a reputação dele?

Mas esta é uma luta de boxe que não é feita na carne, mas no espírito. Sem toque físico, conforme T.B. Joshua golpeia o ar em sua direção, ele cai no chão uma, duas, três vezes. No final do Round 3, ele inclina a cabeça no chão. T.B. Joshua lança um aceno de comando em sua direção, e o homem desaba no chão novamente, finalmente entregue.

Depois, com um brilho nos olhos, ele dá um conselho sobre boxe para o homem. "Se é a sua profissão de desportista, continue no boxe, mas não odeie o seu adversário."

Os membros da igreja que estavam assistindo saudaram esse encontro com aplausos e mãos no ar, e eles foram para casa para contar a seus conhecidos tudo o que havia acontecido.

Em outra ocasião, uma senhora sul-africana idosa e refinada admitiu que temia ser assaltada. T.B. Joshua pegou sua bolsa, devolveu-a e disse a outras pessoas de seu grupo sul-africano que tentassem agarrar a bolsa. Ela ergueu a bolsa quando eles se aproximaram, mesmo que dois de cada vez, e proclamou: "Em nome de Jesus, você não vai pegar minha bolsa". Todos eles fracassaram em suas tentativas e acabaram deitados no chão, sem conseguir entender nada. Isso estava realmente acontecendo com homens fortes e capazes? Que poder era esse?

*Um culto lotado na SCOAN*

Em outras ocasiões, T.B. Joshua tocava o microfone e o apontava para uma pessoa que, em seguida, manifestava espíritos malignos e caía. Ele estava demonstrando a unção de Deus por meio de objetos inanimados.

Com o passar do tempo, a água ungida passou a ser amplamente distribuída, e começaram a aparecer testemunhos de pessoas que seguravam a água ungida na frente de ladrões armados e os criminosos saíam correndo.

## A Escola Dominical

Quando T.B. Joshua visitava as aulas da Escola Dominical e passava por elas (muitas vezes com chuvas de doces), sempre havia gritos e barulho de alegria. As crianças o chamavam de "Papa" e queriam estar com ele. Os aniversários das crianças eram celebrados com um bolo, e ele sempre cortava o bolo.

Em seguida, havia as apresentações das crianças para a igreja. A equipe de câmeras sempre filmava os eventos ensaiados das crianças com a mesma seriedade que tratava o culto de domingo. Conforme a Emmanuel TV crescia, o melhor deles podia aparecer na programação.

Que momento emocionante; é a oportunidade da Escola Dominical de brilhar. Eles prepararam uma apresentação especial e, rindo, tentavam se lembrar de suas falas. As mães arrumavam as fantasias e mantinham a ordem. Nossos grupos de visitantes gostavam muito das apresentações ao vivo das crianças mais novas, e desta vez não foi diferente.

*T.B. Joshua comemora o aniversário da escola dominical em 2002*

Lá vem um menino e com ele um grupo de crianças que se alinha em uma fila. O bigode postiço do menino é um pouco solto, mas seu aprumo é considerável. Caminhando até a fila de crianças, ele começa a orar: "Seu espírito travesso e cérebro embotado, saia deste corpo! Eu ordeno que você saia em nome de Jesus!" Voltando-se para a plateia, depois que toda a sua fileira de "pacientes" estava no chão, ele começa a liderar com alguns pontos de oração de T.B. Joshua, chamando imperiosamente a câmera para que possa orar pelos telespectadores.

Os visitantes não escapam de seu olhar de águia e, embora não estivesse entre nós, sabemos que em outra parte do edifício, T.B. Joshua, com seu efervescente senso de humor, está gostando da imitação que fizeram dele.

Mais tarde, os melhores pregadores entre as crianças iriam se juntar à apresentação para pregar. Então, este exemplo é um de nossos favoritos: Uma discussão temática feita por crianças de dez anos sobre um tema teológico sóbrio, talvez a natureza da oração ou o papel do Espírito Santo. Essa foi uma maneira desinibida, gentil e bem-humorada de explicar e apresentar verdades eternas. E funcionou de verdade!

Chegou o momento da oração no culto ao vivo, e um garotinho com um rosto travesso está sentado com sua mãe. Ele é ousado e ri alto quando vê T.B. Joshua em pessoa. Essa criança veio preparada e pede o microfone, fazendo o T.B. Joshua cair na risada. Ele pergunta ao menino: "Você quer pregar?"

O menino memorizou uma sequência da Emmanuel TV, citando passagens bíblicas complexas e também ensinando pontos, como: "Conhecimento significa explicar o desdobramento e a correlação dos fatos do Evangelho" e "Profecia não é necessariamente predizer eventos, mas pregar e ensinar a Palavra com poder!"

Um garotinho imitando T.B. Joshua pregando em 2011

Esse encontro, além de dar grande alegria à criança e à igreja que o assistia, foi uma oportunidade espontânea para o pastor encorajar os pais a observar a injunção bíblica de "Educar seus filhos no caminho do Senhor". Esse menino, em particular, cresceu e floresceu e era visto frequentemente com sua mãe na SCOAN nas épocas de férias.

E qual foi o resultado de tal encontro? Isso acabou ali? Foi apenas um pouco de uma boa diversão durante o culto? O clipe foi assistido no YouTube várias vezes e em muitos países. No Paquistão, na Escola Emmanuel, ele foi bastante valorizado pelos professores e pelas crianças.

## Mentoria

Pessoas de todas as idades, de vários países, pediam para ficar por um tempo na SCOAN para receberem a mentoria de T.B. Joshua. Foi uma "Escola Bíblica do Espírito Santo" gratuita. Ele também foi claro que, para manter o cumprimento de qualquer mensagem recebida, havia a necessidade absoluta de ter bom caráter e viver segundo a Palavra de Deus de forma consistente.

Assim como evangelistas, essa mentoria assumiu muitas formas, como o desenvolvimento dos jovens da igreja, que viriam aprender habilidades valiosas trabalhando em diferentes departamentos. Essa experiência seria útil para eles em suas futuras carreiras.

# Um homem do povo

A Emmanuel TV, em particular, se beneficiou desse treinamento interno. Como o site explica:

> Na Emmanuel TV acreditamos no desenvolvimento de habilidades. Jesus Cristo tomou tempo para desenvolver as habilidades de Seus discípulos. Toda a nossa equipe de produção, incluindo os cinegrafistas, editores, diretores, designers gráficos, artistas, apresentadores, engenheiros de som, etc., são todos evangelistas internos que desenvolveram suas habilidades trabalhando no SCOAN e na Emmanuel TV.

Algumas pessoas importantes iam à igreja para ver o homem de Deus em seu gabinete e buscar a sabedoria de um profeta reconhecido. Essas pessoas incluíam homens e mulheres de negócios, acadêmicos, funcionários do governo e agentes humanitários, bem como pastores. Alguns, como Nicodemos em visita a Jesus, vinham discretamente à noite.

T.B. Joshua sempre incentivou as pessoas a fazerem mais do que o melhor delas, independentemente de suas habilidades serem acadêmicas, jurídicas, médicas, de negócios, esportivas, artísticas ou ministeriais.

## Obras de caridade

T.B. Joshua conseguia se identificar com os pobres de um modo pessoal e, ao longo de sua vida, ele se dedicou a contribuir generosamente para ajudá-los. Este é um trecho de uma entrevista que deu a um jornal em que ele explica um pouco de seu passado:

> *O que inspirou sua paixão pelos necessitados?*
>
> "A Bíblia diz: 'Vigie e ore...'. Isso significa que você precisa olhar em volta antes de orar. Se há pessoas que precisam da sua ajuda, faça o que puder para aliviá-las: ame-as. Depois disso, ore; e suas orações serão respondidas. Eu sei o que é passar por necessidades. Uma vez estive nessa situação, pedindo ajuda. Eu sei perfeitamente bem

*T.B. Joshua visitando os necessitados em 2007*

o que significa ser um necessitado. Eu vivi na pobreza, e já passei por humilhação. Fiquei abatido, sofri abandono e tudo o mais. Mas hoje sou um produto da graça. Não culpo ninguém por ser pobre; não devo culpar ninguém por ser humilhado. O atleta veloz nem sempre vence a corrida."[57]

T.B. Joshua não escondeu o amor que sentia por seu país. Como parte de muitos projetos locais de caridade e programas de bolsas de estudo, ele sempre ajudava pessoas que tentavam conquistar uma "vida melhor" na Europa, mas acabavam sendo enganados por contrabandistas inescrupulosos. Na busca dessa "vida melhor", geralmente, tudo o que conseguiam era serem encarcerados em prisões líbias ou trabalhar como escravos modernos. T.B. Joshua recebia pedidos de ajuda e o governo nigeriano se envolvia na repatriação.

Vestidos com agasalhos de moletom, os deportados da Líbia vinham à SCOAN e recebiam alimentos, cuidados médicos e nutrição espiritual antes de receberem ajuda financeira e sacos de arroz para ajudá-los a retornar aos seus locais de origem. Primeiro, eles contavam suas histórias angustiantes diante de uma igreja lotada e dos muitos telespectadores da Emmanuel TV, alertando os outros para não caírem nas mentiras que prometiam um caminho fácil para pastagens mais verdes.

*Nigerianos deportados da Líbia recebem apoio na SCOAN em 2017*

## Haiti

"Baba e Mama, estão sentados? Temos uma grande tarefa." T.B. Joshua ligou no meio da noite, dizendo que nós cinco que estávamos nos Estados Unidos deveríamos liderar uma resposta ao catastrófico terremoto no Haiti, em janeiro de 2010, com uma clínica médica. Estávamos

---

57 *Entrevista com T.B. Joshua - As pessoas vêm em primeiro lugar*, Tell Magazine, No. 52, 24 dezembro de 2007

abrindo um pequeno escritório para a Emmanuel TV no Colorado quando, de madrugada, recebemos um telefonema de um membro da equipe. Seguindo essa instrução para partir, dez dias depois, a equipe dos Estados Unidos, com apoio do Reino Unido, fretou um avião de carga, o encheu de suprimentos médicos e montou uma equipe para o projeto. Isso em si mesmo já era um milagre.

Fiona descreve seus sentimentos na época:

*Eles eram uma mistura de "que incrível" e "que aterrorizante" ao mesmo tempo. A situação política era incerta. Todos nós deveríamos dormir diretamente no chão sobre pedras (como aconteceu), vivendo de pequenas mochilas. Agora, o suprimento de combustível no Haiti era incerto. Nosso minúsculo avião, o menor em que eu já estive, teve que parar para abastecer em Nassau. Mas quando me sentei no avião de 9 lugares, esses eram os pensamentos que prevaleciam em minha mente: "Estou em paz com todos; vou servir aos pobres; Deus está conosco, e estamos sob a direção de um verdadeiro profeta, então, aconteça o que acontecer, está tudo bem".*

Gary havia ficado na Flórida por alguns dias para consertar o avião de carga, onde experimentou sua cota de desafios e milagres. O primeiro avião ficou em terra, mas então uma segunda empresa de fretamento foi identificada e um novo avião foi preparado e carregado, tudo em 24 horas. Depois que ele chegou com o avião de carga e suprimentos ao Haiti e se encontrou com Fiona e com os outros membros da equipe, o próximo milagre foi levar os suprimentos até a área do terremoto. Viajamos por estradas oficialmente intransitáveis em toda a extensão da ilha e, então, pedimos ao prefeito de Arcahaie um pedaço de terra para acampar e usar como clínica.

Gary e Fiona em um meio de transporte local no Haiti

Chegando lá, não houve problema em encontrar pessoas necessitadas. Todas as mulheres grávidas queriam ver um médico, e todas as crianças precisavam de tratamento por terem ingerido água de má qualidade. As pessoas ficaram apavoradas após o terremoto e passaram a dormir do lado de fora das casas.

O Haiti (aquela parte) era extremamente pobre, e o mercado local parecia ser de 300 anos atrás, as mercadorias chegavam em burros.

Uma mensagem clara de T.B. Joshua para a equipe reunida foi que deveríamos viver mais como os habitantes locais e, por inferência, evitar as armadilhas de se hospedar em hotéis confortáveis, distantes do modo de vida real daqueles que estávamos tentando ajudar.

*Provisões de alimentos na Clínica Médica Emmanuel TV em Arcabaie, Haiti*

O homem de Deus estava certo; os habitantes locais viram a diferença imediatamente.

Uma grande lição das experiências no Haiti foi que seguir em frente envolve desconforto. No Haiti, o desconforto era físico — calor implacável, não havia um banheiro adequado, tínhamos que cozinhar refeições simples para a equipe em uma fogueira de carvão, dormir em uma camada de papelão e tomar banho com meio balde de água por semanas a fio — mas foi uma experiência incrível e transformadora de vida! Outras situações para seguir em frente podem envolver desafios diferentes, talvez mentais ou emocionais, em vez de físicos.

## O HOMEM E A MENSAGEM

A simples ligação de T.B. Joshua, enquanto estávamos sentados confortavelmente no Colorado, levou ao estabelecimento de uma clínica médica de longo prazo no Haiti, bem como a uma série de milagres e vidas mudadas para melhor no decorrer dos dias. Como foi que aquela mensagem carregou consigo o poder de realização e mostrou ampla evidência de ser apoiada por Deus? Para isso, precisamos entender algo mais sobre esse homem do povo.

T.B. Joshua era um homem que vivia o que pregava. Ele dizia essencialmente as mesmas coisas quando se levantava para falar em um culto de domingo ou falava individualmente com as pessoas. Quer tenha sido preparado ou não o sermão, ele pregava sobre o que ele estava meditando.

Se você quisesse saber como ele estava pensando ou se tinha uma mensagem específica para você, na maioria das vezes, bastava ouvir com atenção o que ele dizia publicamente. Nada ficava oculto. O segredo do ministério dele era um segredo aberto.

Uma das primeiras mensagens que ouvimos ser pregada tinha o título: "Fale o que você acredita". Para T.B. Joshua, isso não era um slogan, mas uma descrição simples de como ele se comunicava. Você pode descobrir no que realmente acredita (ao contrário do que pensa que acredita) observando seu comportamento diário e ouvindo suas conversas do dia a dia. Para muitos de nós, isso costuma ser diferente do que afirmamos acreditar. Mas os dois devem vir juntos se quisermos causar algum impacto real permanente.

Um bom exemplo é nossa abordagem sobre a oração. Para caricaturar como frequentemente fazemos isso, é assim: nós nos preparamos, viajamos para a reunião e então oramos em voz alta, crendo que (desde que oremos com fé) Deus ouvirá a nossa oração. Mas T.B. Joshua faz uma distinção clara entre orar e dizer palavras, explicando que devemos estar em uma atitude de oração o tempo todo. Ele explica que a oração que produz cura, libertação e milagres em seu ministério não é aquela feita em voz alta, mas a oração que ele está continuamente oferecendo em seu coração. Com relação à oração por todos, conhecida como oração em massa, a palavra falada de autoridade é somada à oração constante do coração e traz resultados: "Sejam curados! Sejam libertos!"

Deus ouve a oração do coração, não apenas a oração da voz. E se o seu coração não estiver livre de preocupações ou ofensas, por exemplo, por mais impressionantes que sejam as palavras de oração que você possa proferir, você se ouvirá e as pessoas ao seu redor ouvirão, mas Deus não o ouvirá.

O mesmo ocorre com nosso desejo de seguir a Jesus. Uma coisa é dizer que queremos seguir Jesus, mas outra é dizer isso de todo o coração. Sem esse compromisso de coração, não resistiremos ao teste do tempo.

Como o homem de Deus colocou de forma bastante dramática em um sermão de 2017:

> "Eu decidi seguir Jesus e fiz isso de todo o coração. Se não tivesse sido de coração, agora, você estaria apontando para o meu cemitério, ou estaria contando a história de que costumava haver uma igreja chamada SCOAN."[58]

Você não pode enganar a Deus. O cristianismo não é uma atuação, mas um relacionamento. As pessoas podem olhar para o que fazemos, mas Jesus vê por que o fazemos; as pessoas podem ver a ação, mas Deus vê o motivo por trás da ação. Como T.B. Joshua também disse:

> Jesus Cristo nunca se esforçou para parecer ser bom; ele simplesmente era bom.

Outra maneira de ver isso é que tudo se resume ao amor:

> Amor é a real medida da verdadeira espiritualidade.

Observando seu exemplo e ouvindo suas mensagens sobre o amor, vimos que uma característica particular do amor é que diz respeito ao aqui e agora — o presente. Atos de amor são resultados naturais de um coração liberto pelo amor e perdão de Deus. Para demonstrar amor, você tem que "se manter atualizado", tem que estar alerta, tem que tirar todo o peso do coração. Você se amará porque Deus o ama e você amará seu próximo como a si mesmo.

## Escola Emmanuel, Paquistão

> Deus tem pessoas para encontrá-lo no lugar para onde você foi designado.

Esta palavra de sabedoria de T.B. Joshua, refletindo sobre a história de José, seria aplicável às nossas viagens e, em particular, em relação à nossa conexão com o Paquistão.

Durante nossas viagens pela Rússia com a água ungida, fomos colocados em contato com um pastor do Paquistão. Comunicando-se por

---

[58] *Agir segundo a Palavra*, Sermão de T.B. Joshua, culto de domingo da SCOAN em 14 de maio de 2017

Skype, ele disse que estava assistindo aos videoclipes (quando a internet permitia) do Profeta T.B. Joshua e ficou impressionado ao ver o poder de Deus em ação. Soubemos que sua igreja ficava em uma área muito humilde. A orientação que recebemos de nosso mentor era ir de um país a outro, então aceitamos o convite para fazer uma visita e realizar alguns cultos de cura. Em certo sentido, estávamos nos aventurando no desconhecido.

Querendo saber quais os possíveis desafios e as aventuras que estavam pela frente, no aeroporto de Dubai, enviamos um e-mail à SCOAN para dizer que estávamos prestes a embarcar para o Paquistão. Rapidamente recebemos a resposta por e-mail do Profeta T.B. Joshua dizendo que ele estava orando por nós. Nós sabíamos que ele estava orando por nós, mas ouvir isso fez toda a diferença.

O Bispo Asif Jamali, que falava inglês, e seu irmão, o Rev. Khalid Jamali, vieram ao nosso encontro no aeroporto. Quando o veículo alugado entrou nas estreitas ruas de estilo medieval da cidade de Asif em Lahore, mal sabíamos que seria o início de um relacionamento contínuo. Os membros da igreja e a comunidade local começariam a conhecer o T.B. Joshua como um "Papa" (papai) que se preocupava com sua vida material, se eles tinham o suficiente para comer, bem como com sua vida espiritual. O bispo Asif Jamali conta seu lado da história:

"Eu era pastor desde 1999, mas era como "o bronze que soa ou como o címbalo que retine". Eu estava vazio e fazendo barulho — servindo e pregando, mas sem o poder da unção. As pessoas iam à igreja, frequentavam as reuniões, mas não havia progresso ou crescimento real. Nesse meio tempo, da Rússia, ouvi sobre o T.B. Joshua e eu assisti a vídeos no YouTube. E eu me perguntei como Deus estava usando aquele homem de Deus. Então, em maio de 2011, os evangelistas, irmão Gary e irmã Fiona, vieram ao Paquistão com a água ungida. Deus operou na vida de centenas de pessoas. Milagres estavam acontecendo em nome de Jesus Cristo. Fiquei maravilhado!

Continuei orando para ver aquele grande homem de Deus. Um dia, de repente, recebi um telefonema do homem de Deus T.B. Joshua, que falou comigo e me convidou para vê-lo. Então, novamente em novembro de 2011, o irmão Gary e a irmã Fiona vieram ao Paquistão, e quando saímos para orar, vimos muitas crianças que não iam à escola."[59]

Durante essa segunda visita ao Paquistão, encontramos um menino de dez anos pedindo oração para conseguir ganhar algum dinheiro para ajudar no sustento de sua família. Ao considerarmos esse claro exemplo de pobreza, nós nos lembramos de um princípio que vimos e ouvimos de T.B. Joshua: O Evangelho tem dois lados: a mensagem da salvação eterna pela fé somente em Cristo e o mandamento de amar o próximo, independentemente de sua religião, cultura ou crenças.

A demonstração de amor pelos necessitados por si só não é suficiente para nos levar à salvação, mas forma a base para julgar nosso nível de bondade, porque olhar para o outro lado quando seu irmão está em apuros é o mesmo que rejeitar o próprio Cristo.

Após nossa experiência com esse menino e observando como poucas das mulheres que compareciam às reuniões haviam aprendido a ler, começamos a conversar com o bispo Asif Jamali sobre a possibilidade de construir uma escola para dar à comunidade local educação gratuita de alta qualidade. Começamos a pensar em como poderíamos sugerir o financiamento de uma escola inteira ao T.B. Joshua, enquanto nosso anfitrião trabalhava em alguns planos preliminares.

Enquanto isso, tivemos a oportunidade de doar mantimentos a algumas viúvas em nome da Emmanuel TV. As senhoras da comunidade local no Paquistão, com suas roupas coloridas e seus hijabs (véus), ficaram muito gratas pelos grandes sacos de farinha que receberam. Em nome da Emmanuel TV, também pudemos abençoar algumas pessoas com máquinas de costura para ajudá-las a gerar alguma renda.

*Viúvas no Paquistão recebem doações de máquinas de costura e farinha*

---

59  Comunicação em Particular

Enviamos algumas fotos desse trabalho de caridade para a equipe da SCOAN em Lagos. Para nossa surpresa, recebemos um telefonema do próprio T.B. Joshua nos encorajando e prometendo enviar um presente de US$ 10.000,00 para ajudar ainda mais aquela comunidade necessitada. Pouco depois, um telefonema de acompanhamento do Departamento Bancário da igreja nos informou que a doação havia aumentado para US$ 20.000,00.

Naquela época, não havíamos falado nada sobre o projeto em potencial da escola para T.B. Joshua nem para a equipe enquanto esperávamos que o bispo Asif Jamali preparasse algumas propostas práticas e custos. O presente espontâneo para um "trabalho de caridade" não identificado acabou sendo a quantia exata necessária para o projeto de construção da escola, que consistia em sete salas de aula construídas em cima da Igreja Pentecostal Shield Of Faith. Sem longas discussões ou reuniões do Comitê, a Escola Emmanuel nasceu sobrenaturalmente!

*Inauguração da Escola Emmanuel no Paquistão em 9 de março de 2012*

O bispo Asif Jamali retoma a história:

"A construção da escola começou. Havia uma grande empolgação por parte dos moradores locais. A construção foi concluída e agora a escola precisava de um nome. Para a cerimônia de inauguração em 9 de março de 2012, T.B. Joshua deu o nome de "Escola Emmanuel".

Logo após a inauguração, viajei com o irmão Gary e a irmã Fiona para a SCOAN na Nigéria. Esta foi a minha primeira visita. Eu humildemente me curvei perante o Senhor e orei para que Deus enviasse esta unção para o Paquistão também. Foi uma bênção para mim ser levado para o Prayer Mountain (Monte de Oração), onde me sentei no mesmo barco com o homem de Deus, T.B. Joshua, e ele estava dirigindo o barco. Orações foram feitas por mim na fila de oração. E quando eu estava prestes a retornar, encontrei T.B. Joshua, o homem de Deus, e eu o agradeci pela escola.

O homem de Deus colocou as mãos na minha cabeça e orou. Três vezes ele orou por mim e me abençoou. Quando saí do gabinete, foi como se um grande fogo do Espírito Santo ardesse dentro de mim. Eu sentei lá e bebi 10 copos d'água! Quando voltei para o Paquistão, as pessoas da minha igreja estavam esperando pela bênção. Deus mudou minha vida e meu ministério por meio do T.B. Joshua. Agora as pessoas vêm em massa e são abençoadas. Meu ministério, minha igreja e minha família são abençoados e frutíferos. Que Deus abençoe o homem de Deus ainda mais."

Toda a experiência com a escola foi uma bênção! T.B. Joshua e os parceiros da Emmanuel TV também financiaram um terreno extra para fazer um parquinho ao lado da escola e continuaram apoiando o funcionamento da escola ano após ano.

## Bombardeio na Igreja de Pexauar

Houve muitos casos de doações que não foram "reconhecidas como tal", foram tratadas apenas negócios habituais.

Quase na hora de começar o culto ao vivo da Emmanuel TV, em 22 de setembro de 2013, recebemos um telefonema de Peshawar, Paquistão. Tínhamos visitado Peshawar, perto da fronteira com o Afeganistão, no ano anterior, a convite do Rev. Samson, da Igreja do Paquistão, para fazer um grande culto de cura ao ar livre usando a água ungida.

A voz ao telefone tentava aparentar calma. Era o Rev. Samson.

"Mama Fiona, você viu o noticiário? Houve um ataque à bomba; eles ainda estão resgatando pessoas, muitos tiveram fraturas e muitos morreram."

Gary verificou imediatamente as notícias sobre o Paquistão e, realmente, foi uma calamidade. Foi o ataque mais mortal à minoria cristã da história do Paquistão. O duplo atentado suicida ocorreu na Igreja de Todos os Santos — parte da Igreja do Paquistão, cujo bispo havia nos recebido tão calorosamente no ano anterior.

O Rev. Samson estava presente no culto, mas saiu ileso. Ele agora estava tentando coordenar alguns esforços de socorro imediato. O que poderíamos fazer? Conseguimos dar um telefonema para T.B. Joshua, embora ele estivesse se preparando para o culto. Sua reação instantânea foi: "Você pode passar o dinheiro para eles com segurança? Queremos doar US$ 10.000." Mais tarde, ele falou pessoalmente com o Rev. Samson.

O Rev. Samson administraria parte do esforço de socorro diretamente, enquanto o restante da doação seria administrado por um programa coordenado de ajuda humanitária da Igreja do Paquistão.

*Ajuda Humanitária apoiada por T.B. Joshua em Pexauar, Paquistão*

Então, quando estávamos na SCOAN, em janeiro de 2014, T.B. Joshua nos entregou outros US$ 5.000 em dinheiro para entregarmos pessoalmente ao Rev. Samson para ajudar ainda mais com as vítimas da explosão da bomba.

## Socorro ao Equador após o terremoto

Estávamos terminando um projeto no Reino Unido para fornecer alguns equipamentos especializados de informática para a Emmanuel TV quando recebemos uma ligação da SCOAN. Um evangelista nos ligou quando estávamos discutindo "o que viria a seguir em nossa vida". O tempo de Deus é surpreendente. O evangelista disse: "Aguarde que o homem de Deus vai falar com vocês". Tratamos essas ligações com muita seriedade e Fiona juntou as mãos em oração. Uma voz jovial: "Como vão?" (graças a Deus pela boa conexão), então veio: "Vocês devem ir para o Equador". E a ligação foi encerrada. Deus nos levaria ao próximo passo.

Era 21 de abril de 2016, logo após o grande terremoto no Equador de 16 de abril de 2016.

Após uma curta viagem à SCOAN para ver os equipamentos de informática chegarem lá com segurança, chegamos ao Equador com

*Uma visita a Portoviejo, no Equador, após o terremoto de 2016*

apenas alguns números de telefone como possíveis contatos. Após 24 horas, um membro da equipe da Emmanuel TV, um dos evangelistas em treinamento, juntou-se a nós vindo da Colômbia. Nossa primeira aventura foi uma viagem noturna de ônibus local para a cidade afetada de Portoviejo.

Um parente de um de nossos contatos nos encontrou para nos levar até as áreas afetadas durante o dia. Nós nos sentamos espremidos em um banco simples e vimos o rosto do motorista se transformar quando ele recebeu um telefonema que mudaria sua vida. Era do governo, liberando um pagamento de sete dígitos devido a ele por muitos meses por um contrato com o governo.

Nosso motorista, por ser assim que foi apresentado, viu isso como uma grande vitória e acreditou que isso tinha acontecido porque estava ajudando uma equipe enviada por T.B. Joshua que queria ajudar seu povo. Então, aquele homem nos disse que era arquiteto. Mais tarde, descobrimos que ele era um arquiteto bastante proeminente, mas que não tinha sentido muito orgulho por ser nosso motorista voluntário. Posteriormente, ele se tornou o arquiteto do projeto de reconstrução da escola. Foi sobrenatural. Deus estava operando.

Não foi fácil identificar como obter ajuda da Emmanuel TV diretamente para as pessoas afetadas. No entanto, nosso mentor estava apoiando em oração, e recebemos um telefonema dele com uma mensagem de que deveríamos trabalhar em estreita colaboração com o governo.

Conseguimos garantir uma audiência com a governadora da província de Esmeraldas. Perguntamos se ela conhecia alguma comunidade gravemente afetada pelo terremoto que ainda não havia recebido muita ajuda. Ela nos indicou a aldeia indígena de San Salvador de los Chachis no interior da floresta tropical.

# Um homem do povo

No dia seguinte, dento de um carro básico, dirigimos por muitas horas passando por vilarejos simples. Estávamos vestidos para uma reunião de escritório formal, com calçados inadequados para o mato e totalmente despreparados para o que estava por vir. Saindo da estrada acidentada, viramos em uma pista, segurando bem firme enquanto o carro sacolejava. Saímos do carro perto do rio e entramos em uma canoa simples e nos sentamos. Nossa viagem pelo rio durou cerca de duas horas debaixo de uma chuva torrencial. A canoa quase afundou ou foi isso que pareceu. Os longos galhos frondosos de árvores gigantescas curvavam-se perto do rio e havia áreas de águas revoltas. Ficamos nos perguntando se não havia crocodilos ali. Mas em algum lugar dentro da mente de Fiona, uma alegria inacreditável estava crescendo:

*Primeira viagem de canoa a San Salvador de los Chachis*

*"Estou realmente em uma canoa em uma floresta tropical indo ao encontro de uma tribo indígena? Isso não é incrível?" Não consigo me lembrar de alguma vez ter estado tão molhada sabendo que continuaria assim por horas.*

Conhecemos a comunidade Chachi, vimos as condições terríveis, soubemos da escola que havia sido muito danificada e, então, começamos a viagem de canoa de volta para casa. Logo houve um abalo secundário, uma réplica severa, e mais escolas entraram em colapso.

O esboço de um projeto de ajuda humanitária começou a tomar forma: ajuda com alimentos e itens de higiene para os campos do governo destinados às "pessoas desabrigadas" e alguma forma de apoio para a comunidade Chachi. A ajuda com alimentos e itens de higiene viria da Colômbia, onde algumas igrejas se ofereceram para ajudar a Emmanuel TV, então era necessário ir a Bogotá para comprar a comida e organizar o transporte.

*San Salvador após terremoto*

Ocorreram alguns contratempos de última hora. Gary, que estava com a equipe em Bogotá, explica:

*Na noite anterior à sua partida para o Equador, o avião de carga com o adesivo da Emmanuel TV já colocado teve que partir para uma missão urgente não planejada. O adesivo caiu em pleno ar! Houve um atraso de dois dias enquanto arranjávamos outro adesivo e trabalhávamos com a companhia aérea para fixá-lo melhor.*

Mas esse contratempo acabou sendo um presente de Deus. Esse atraso proporcionou tempo suficiente para que a equipe que esperava em Quito, capital do Equador, organizasse as formalidades de recebimento no aeroporto e fizesse com mais segurança o transporte da preciosa carga de alimentos. Comentário da Fiona:

*Do lado de Quito, o tempo era fundamental, pois depois de aguardar as autorizações necessárias no asfalto, enfrentamos o trânsito de Quito com pouco tempo de sobra.*

*Ligamos para o Gary, que já estava com os pilotos na cabine do avião: "Você não pode esperar? Estamos atrasados para chegar ao aeroporto". Sua resposta foi firme: "Não, já estamos taxiando pela pista!"*

*Chegada a Quito do Avião de Carga com a Ajuda Humanitária da Emmanuel TV*

*Nosso motorista dirigia como Jeú (2Reis 9:20), e todos nós chegamos à pista bem a tempo de ver o avião de carga da Emmanuel TV descendo. O cinegrafista local pegou sua câmera com segundos de antecedência. Que momento incrível!*

Em seguida, a complicada administração para manter nossas mercadorias em segurança no armazém alfandegário, liberá-las e depois carregá-las em dois caminhões do exército; cortesia do exército equatoriano que forneceu os caminhões e os motoristas para transportar com segurança os suprimentos até a área afetada pelo terremoto.

*Equipe da Emmanuel TV com a governadora da Província de Esmeraldas*

Assim que aquela grande quantidade de suprimentos foi colocada em segurança na área de armazenamento local da Emmanuel TV, fomos à reunião oficial de planejamento de emergência do governo para explicar como queríamos trabalhar em estreita colaboração com o governo, mas nós mesmos administraríamos a distribuição de suprimentos. A Deus seja a glória, um feliz esquema foi elaborado. Os objetivos definidos por T.B. Joshua: trabalhar com o governo, trazer o avião de carga e, claro, supervisionar a distribuição da ajuda a fim de garantir que ela chegasse às pessoas certas estavam prestes a acontecer. A princípio parecia impossível; mas, agora, tudo estava acontecendo bem diante dos nossos olhos.

Gary comenta sobre o que parece ter se tornado uma característica constante de tais empreendimentos de fé:

*Uma combinação de desafios extremos e bênçãos extremas: sempre parece chegar um momento em que há um risco real de que um projeto não possa prosseguir e, então, ao nos mantermos firmes, Deus traz a pessoa certa ou muda a atitude de alguém e, geralmente, isso acontece no último minuto!*

Quando visitamos os acampamentos organizados com os suprimentos de comida, chegamos exatamente quando os suprimentos estavam acabando. Em um abrigo, as senhoras da cozinha comunitária ficaram muito animadas ao ver a grande quantidade de vegetais frescos e alho para dar sabor à sua dieta simples.

## Uma nova escola na floresta tropical

O que acontecerá agora? Bem, sabíamos que os Chachi precisavam de uma escola. Quando, por fim, o arquiteto entregou o projeto, ele era bem maior e melhor do que o edifício anterior. O novo projeto previa uma estrutura de alta qualidade para acomodar um jardim de infância, escolas primária e secundária com um total de 14 salas de aula, além de cozinha e refeitórios, sala de professores, sala de administração e pequenos laboratórios de informática e ciências. Ficou claro que o orçamento seria pelo menos o dobro dos valores estimados que tínhamos orçado inicialmente com a equipe de Lagos; que já era mais do que o projeto de distribuição de alimentos tinha custado até então. O futuro de toda a comunidade

*Preparação para voltar de San Salvador de canoa*

dependia dessa escola, e o T.B. Joshua, comovido com a situação deles, se comprometeu em financiar a nova estrutura ambiciosa. O arquiteto concordou em oferecer sua empresa como a principal empreiteira, o que era um compromisso sério, pois a visita aos Chachi exigiria dele mais de 10 horas de viagem. Para o projeto de construção em si, que demorou muitos meses, ele precisou que um gerente dele ficasse morando na floresta a maior parte do tempo. Ele doou seu tempo gratuitamente para expressar sua gratidão a Deus por seu êxito anterior.

Na aldeia de San Salvador de los Chachis, não havia cobertura de telefonia móvel; era preciso dirigir por horas até o local de desembarque e depois torcer para que a mensagem chegasse à aldeia (com seu único telefone fixo) para que as canoas estivessem esperando. Então, para a viagem de volta, era preciso sair de San Salvador com bastante antecedência para voltar à estrada principal antes do anoitecer. Portanto,

*Gary e o arquiteto discutem os novos planos para a escola*

era uma tarefa de grande porte fazer uma visita de apenas uma hora a San Salvador.

O arquiteto finalizou o plano escolar abrangente, e nós o submetemos ao Departamento de Educação do Governo bem a tempo, ou seja, antes do encerramento do período de ajuda emergencial de dois meses. Somente durante uma emergência como essa o governo permitia ajuda externa para um projeto como esse. O plano foi aprovado, mas depois de ocorreram atrasos burocráticos no nível local que poderiam ter ameaçado todo o projeto. Contudo, mais uma vez, experimentamos provisão de Deus. Um "encontro casual" com o então vice-presidente da nação, Jorge Glas, ajudou a abrir o caminho, e o projeto da escola prosseguiu para o grande benefício da comunidade indígena Chachi e dos 300 alunos da escola.

*A equipe se reúne com o vice-presidente do Equador*

## Inauguração da escola!

Devido a problemas de acesso e do clima, o projeto de reconstrução da escola levou muitos meses. Mas apenas um ano após a escola anterior ter sido severamente danificada pelo terremoto, a nova estrutura já estava pronta para uma cerimônia oficial de inauguração. TB. Joshua raramente viajava, mas decidiu vir ao Equador para inaugurar a escola pessoalmente.

O planejamento era complexo devido à inacessibilidade da escola. Foram feitas duas cerimônias de inauguração: uma em Quito para vários dignitários e

*O Sr. e a Sra. Joshua recebem boas-vindas militares ao Equador*

outra na própria escola. A questão de como o T.B. Joshua deveria fazer a viagem até a escola levantou problemas logísticos. Os militares se ofereceram para fornecer um helicóptero, mas isso seria muito perigoso por causa da frequente névoa e neblina nas montanhas dos Andes, sem falar da forte chuva tropical. Por fim, ele viajou pela estrada desde Esmeraldas e, mesmo assim, teve muitas dificuldades — visto que ele teve que caminhar com a equipe, por um longo trecho, na lama, o que foi muito cansativo.

*T.B. Joshua continua indo para a escola a pé*

Na manhã da cerimônia de inauguração da escola, tínhamos feito parte de uma equipe avançada que conseguiu fazer todo o trajeto até a escola em um veículo 4x4. (Após o projeto da escola, o Governo alargou a via ribeirinha até San Salvador e, nos poucos dias que estiveram secos o suficiente, a viagem pôde ser feita de carro.) No entanto, enquanto os convidados se reuniam na escola, o vento aumentou — um sinal claro de que logo iria chover. A chuva caiu torrencialmente e, sem cobertura de telefone, não tínhamos ideia do que estava acontecendo com o T.B. Joshua e o resto da equipe. Estávamos começando a pensar que todo

*A inauguração da nova escola no Equador em 2017*

# Um homem do povo

o evento teria que ser abandonado quando um dos Chachi correu até nós, dizendo: "Eu vi seu mestre andando na trilha lá em cima!" Ao chegar, ele foi mais ou menos direto para a cerimônia.

Foi instrutivo observar como essa comunidade indígena, relativamente intocada pelas normas ocidentais, demonstrou respeito instintivo pelo homem de Deus. Eles pareciam entender que ele era uma pessoa incomum que estava perto de Deus. Ficamos admirados, quando, um ano depois, ao visitarmos a escola para um projeto de acompanhamento, um dos líderes comunitários repetiu respeitosamente algumas palavras de encorajamento ditas por T.B. Joshua naquela cerimônia de inauguração.

Quanto a T.B. Joshua, ele se identificou com as pessoas durante aquela curta visita. Ele vestiu, respeitosamente, a tradicional túnica Chachi que lhe foi presenteada, comeu a comida local e mostrou grande interesse nos desafios dos fazendeiros. Ele se sentou entre as crianças e visitou pessoalmente cada sala de aula, escrevendo "Jesus te ama" no quadro negro.

Sua jornada de volta da floresta tropical também foi difícil, exigindo mais caminhadas na lama. Ele até fez uma visita improvisada a uma das casas de madeira de um fazendeiro local.

Ele continuou apoiando a escola, equipando totalmente o laboratório de informática e pagando a universidade para seu melhor aluno, por exemplo.

## Um doador alegre

A Emmanuel TV faz doações para a caridade no mundo todo. O Reino Unido não havia falta de pessoas com necessidades de vários tipos, e foi um prazer e uma honra para nós trabalhar com o Bob da instituição de caridade Flower of Justice em Southampton, como parte da equipe de caridade da Emmanuel TV do Reino Unido.

Bob, um ex-viciado em drogas, teve sua vida salva por Jesus e se comprometeu a servir aos outros. Ele visitou a SCOAN com um grupo nos primeiros anos e recebeu uma cura significativa de fortes dores nas

*Apoiando financeiramente a instituição de caridade Flower of Justice*

costas devido a um problema no nervo ciático. Ele conta a história em seu próprio livro:

> Tive cinco sangramentos na urina ao longo do ano, e os médicos não conseguiam descobrir o que havia de errado comigo. Eu sentia muitas dores nas costas e tomava analgésicos. Quando T.B. Joshua veio orar por mim, ele disse: "Isso tudo está conectado ao seu passado". Ele nem me tocou, mas eu caí no chão e senti calor por todo o corpo. Eu estava de joelhos, com o rosto no chão, e não conseguia me levantar por causa do poder do Espírito Santo! Depois de um tempo, ele orou novamente e disse: "Pai, desconecte-o do passado!" Então, toda a dor deixou meu corpo instantaneamente.[60]

Ele falou de sua cura para os moradores do bairro de habitação social, onde atuou como pastor de rua, mentor e amigo dos pobres. T.B. Joshua também enviou a equipe da Emmanuel TV para realizar projetos de caridade regulares na propriedade. O resultado foi que muitas pessoas desfavorecidas viam o T.B. Joshua como um homem do povo que, mesmo a milhares de quilômetros de distância, conseguia se identificar com as necessidades delas.

A mensagem persistente de T.B. Joshua sobre doações para a caridade é que elas devem ser feitas de espírito livre. O trabalho de caridade da Emmanuel TV em todo o mundo era sem rabo preso, ou seja, não exigia nenhuma atitude específica por parte dos beneficiados ou das instituições de caridade locais com as quais fazíamos parceria. Isso era muito valorizado. Assim, foi possível trabalhar com

*Fornecimento de alimentos locais e suprimentos essenciais para vítimas de enchentes no Laos*

---

60 Light, B. (2018). *This is My Offering* (Esta é minha oferta). New Life Publishing. p. 86

alegria tanto com governos como com aqueles que não compartilhavam da mesma fé que nós.

Sempre houve muitos projetos para fornecer alimentos locais, desde o "peixe pegajoso" tão apreciado pelas pessoas que foram ajudadas em Laos, os grandes sacos de farinha em Lahore até os tradicionais chás com creme tão apreciados pelos aposentados ingleses. A Emmanuel TV trabalha com sensibilidade e dá exemplo para que os telespectadores encontrem por si próprios os necessitados em suas áreas locais e considerem como podem ajudá-los, mesmo que isso signifique começar de uma forma bem simples.

*Emmanuel TV patrocina um tradicional chá inglês para idosos*

A mensagem de T.B. Joshua, que era apaixonado por fazer doações aos necessitados, é clara:

> Todo mundo tem algo para dar. Alguém está sempre precisando de você, não importa o quão pouco você tenha.

## Ame o próximo

Jesus nos conhece não pelo nosso nome, mas pelo nosso amor. Este capítulo termina com um sermão que reflete o coração deste homem do povo. O amor não é um sentimento, mas uma responsabilidade prática para todos os cristãos.

## AME O PRÓXIMO

*T. B. Joshua, culto de domingo da SCOAN, domingo, 9 de junho de 2019*

O maior aos olhos de Deus é aquele que ama o próximo.

*"Pois aquele que não ama a seu irmão, a quem vê, não pode amar a Deus, a quem não vê. Ora, temos, da parte dele, este mandamento: que aquele que ama a Deus ame também a seu irmão."* (1João 4:20-21)

Deus mede nossa vida segundo nosso amor por Ele e pelo próximo. Você não pode amar a Deus sem amar o seu próximo. Deus sabe que, se você não ama realmente o seu próximo, não pode amá-lo. Seu próximo pode ser seu inimigo ou aqueles que não compartilham a mesma fé com você. Amemo-nos uns aos outros, independentemente de nossa religião ou raça, pois o amor vem de Deus. Aquele que não ama não conhece a Deus, pois Deus é amor (1João 4:7-8, 11-12).

Como podemos mensurar nosso amor por Deus? Pelo que praticamos em nossa vida. Medimos o nosso amor por Deus pelo número de vezes que pensamos amorosamente em Jesus todos os dias, pelo grau de fome que temos de ler a Sua Palavra, quero dizer, a quantidade de tempo que reservamos para ler a Sua Palavra, a alegria com a qual tomamos a Sua Palavra em nossas mãos quando estamos sozinhos com Ele. Quanto mais O amamos, mais preciosa Sua Palavra se torna para nós. Se você ama a Jesus o suficiente, terá o hábito de dizer: "Eu te amo, Jesus"; quando você for para outro cômodo da casa, diga: "Eu te amo, Jesus"; quando você se sentar no carro para dirigir, diga: "Eu te amo, Jesus"; quando você parar no semáforo, diga: "Eu te amo, Jesus". A primeira pessoa em quem você deve pensar pela manhã e a última pessoa em quem você deve pensar à noite é Jesus.

Quantas coisas você ajustou em sua vida por causa de seu amor a Deus? Deus diz que não devemos mentir; você parou de mentir porque deseja agradá-lo; você parou de destruir porque deseja agradar a Jesus, e assim por diante. Como você usa o seu dinheiro? Como você economiza para dar mais aos necessitados? Como você usa seu tempo livre porque ama Jesus? Como você ajusta suas prioridades por causa de seu amor por Jesus?

O quanto você tenta abençoar os outros por causa do seu amor por Jesus? Quantas vezes você diz: "Deus o abençoe"; com que frequência você sorri, deliberadamente, para os outros por causa de Jesus? Com que frequência você tenta manter um sorriso no rosto ao dirigir pela rua, ao entrar em uma loja, por amor a Jesus? Quanto mais você ama a Deus, mais ama seu próximo.

*"Se me amais, guardareis os meus mandamentos. E eu rogarei ao Pai, e ele vos dará outro Consolador, a fim de que esteja para sempre convosco."* (João 14:15-16)

Como amamos a Deus? Fazendo a vontade de Deus. Demonstramos nosso amor por Ele não com meras palavras, mas com ação e em verdade; é assim que você pode demonstrar seu amor. Não é apenas ir à igreja, dançar ou ler a Bíblia; se você ama a Deus, guarde Seus mandamentos. Como guardamos os mandamentos de Deus? Recebemos a ordem de amar.

Deus não pergunta se você tem vontade de amar. Como cristão, é nossa responsabilidade amarmos uns aos outros. O que nos torna humanos não é nossa capacidade de pensar, mas de amar. Isso significa que amor é vida — se você não tiver amor, você não terá vida. Você não deve amar por motivos egoístas, clássicos ou materiais; precisamos amar melhor. Se você quer amar melhor, deve começar com alguém que odeia você. Se você quer amar melhor, deve começar com alguém que tem sentimentos ruins por você, que não vê nada de bom em você, que o critica; ao fazer isso, você estará imitando o tipo de amor de Jesus, como Ele demonstrou em Lucas 23:34: *"Pai, perdoa-lhes"*.

Tome nota do pronome *"-lhes"* porque inclui tanto o ofensor quanto o ofendido. Em outras palavras, Jesus estava dizendo: "Tanto o errado como o certo, Pai, perdoa-os; o mau e o bom, Pai, perdoa-os". Se você ama muitas pessoas, mas existem aquelas que você não ama porque o odeiam, têm sentimentos ruins em relação a você ou o criticam, então o seu amor não é nada.

*"Ouvistes que foi dito: Amarás o teu próximo e odiarás o teu inimigo. Eu, porém, vos digo: amai os vossos inimigos e orai pelos que vos perseguem; para que vos torneis filhos do vosso Pai celeste, porque ele faz nascer o seu sol sobre maus e bons e vir chuvas sobre justos e injustos."* (Mateus 5:43-45)

Deus dá o sol e a chuva a todos, Suas bênçãos de saúde e longa vida a todos; Ele ama a todos com o mesmo amor infinito com que ama você. Pergunte a si mesmo: "Até que ponto meu amor é assim?" Nada nos faz amar uma pessoa tanto quanto orar por ela; quantas das pessoas que são suas próximas estão em sua lista de oração diária? O seu amor é um verdadeiro amor de intercessão? Você pode se colocar na brecha? Você pode se alegrar quando elas se alegram? Essa é a pergunta para você responder.

O amor nos liberta no presente. Lembre-se de que é o presente que apresenta problemas. É somente por meio do amor que podemos responder a Deus e aos outros no presente. Para responder a Deus primeiro, você deve perdoar a si mesmo e a seu próximo.

O amor olha em volta para ver quem está precisando de algo. Se você não tem amor, sua fé não funcionará porque a fé opera por meio do amor (Gálatas 5:6). Significa que o amor é o mais importante, porque é a força que faz a fé funcionar.

Como cristãos, somos conhecidos pelo nosso amor. Isso significa que Jesus nos conhece não pelo nosso nome, mas pelo nosso amor. O amor por amor a Deus não espera recompensa; quando amamos por amor a Deus, estamos semeando para o Espírito, porque o amor que oferecemos é o único amor que temos.

# A ESTRADA PARA O CÉU

"*Se é somente para esta vida que temos esperança em Cristo, somos, de todos os homens, os mais dignos de compaixão.*" (1Coríntios 15:19, NVI)

Essas palavras da Bíblia são desafiadoras. A maioria de nós está muito consciente desta vida — queremos ter uma boa saúde, um trabalho bem remunerado, um bom lugar para morar, uma família feliz, etc., e, muitas vezes, é por isso que oramos a Deus. Mas para que valerão as coisas desta vida no último dia, o dia em que, como disse C.S. Lewis:

> ...quando a neblina anestésica que chamamos de "natureza" ou "mundo real" se dissipar e a Presença diante da qual você sempre esteve se mostrar palpável, imediata e inevitável?[61]

Tanto a própria História quanto a dos mentores cheios de fé do passado nos dizem que a vida é frágil e que, seja ela longa, seja ela curta, todos chegaremos a esse acerto de contas final. Como podemos responder a isso de forma prática, em vez de empurrá-lo cada vez mais para o fundo de nossas mentes?

T.B. Joshua nos encorajou a acertar todas as contas hoje:

> Devemos viver cada dia de nossa vida como se fosse nosso último dia, porque nosso último dia na Terra pode chegar inesperadamente. Lembre-se, a vida é incerta, a morte é certa, o pecado é a

---
61 Lewis, C.S. (1952). Mere Christianity (Cristianismo Puro e Simples). Macmillan. p. 115

causa e Cristo é a cura. O fato de a vida ser incerta deve afetar a maneira como vivemos hoje.

Ele nos ensinou que as decisões que devemos tomar são as que irão beneficiar nosso futuro, não hoje:

> É melhor sofrer hoje e aproveitar o amanhã. Deus está mais preocupado com a sua glória eterna do que com o seu conforto presente.

Haverá problemas neste mundo (João 16:31) — isso é inevitável. Mas não devemos desanimar:

*"Pois os nossos sofrimentos leves e momentâneos estão produzindo para nós uma glória eterna que pesa mais do que todos eles."* (2Coríntios 4:17, NIV)

Este mundo não é nossa casa; estamos apenas de passagem. Portanto, não devemos permitir que nossa situação dite nossa direção. Nossas bênçãos não devem determinar onde devemos morar ou quem devem ser nossos amigos. Por exemplo, T.B. Joshua não se mudou para uma área mais próspera depois que a igreja cresceu, mas permitiu que somente Deus dirigisse seus caminhos.

Essa perspectiva tem um impacto profundo em todas as áreas da vida. Nesta vida, devemos dar menos foco em aproveitar o presente e mais em permanecer fiel até o fim. Porque importa como terminamos nossa corrida.

*"Caindo a árvore para o sul ou para o norte, no lugar em que cair, aí ficará."* (Eclesiastes 11:3)

Como o homem de Deus sempre afirmou:

> O iniciante não é o dono da obra, mas [sim] o finalizador.

Quando chegar a hora do julgamento de Deus, queremos ser encontrados em uma posição de fé para que possamos desfrutar dos benefícios da salvação eterna por meio do sacrifício expiatório de Cristo.

E quanto à nossa atitude em relação à morte? Se não fazemos parte do mundo, e o Céu é a nossa casa, então ser chamado para casa não é algo a temer, mas algo a ser esperado ansiosamente. Como T.B. Joshua colocou:

# A Estrada para o Céu

A morte para um crente é sua libertação da prisão deste mundo e sua partida para o desfrute de outro mundo. Aqueles que nasceram do alto desejam estar lá.

Muitos crentes entusiastas aspiram a essas verdades, mas, na realidade, podemos nos sentir em casa neste mundo. Um sermão intitulado "Tempo e Estação" pregado por T.B. Joshua em março de 2008 nos ajudou pessoalmente a fazer essa jornada de aspiração à realidade. Ele estava ensinando sobre o desapontamento de Pedro à beira-mar após uma noite malsucedida de pescaria antes de encontrar Jesus (Lucas 5). Experimentar o vazio do mundo é um passo necessário no caminho para a realidade:

> Quando estamos cansados e fartos de nossos negócios mundanos e frustrados em nossas questões terrenas, somos bem-vindos a Cristo. Lembre-se, enquanto o mundo estiver em nossa vida, Cristo ficará deslocado... Ele permite que as vantagens mundanas que achamos possuir sejam esgotadas para que, quando tivermos aprendido nossas lições, O valorizemos.
>
> Jesus não teria nada a ver com Pedro se Pedro não tivesse se tornado sensível pelas vicissitudes da vida. Ele estava tão cansado e farto do mundo que estava pronto para abraçar a ordem superior de Cristo. Na nova ordem de Cristo, há paz, não como o mundo a dá.

Agradecemos a Deus por termos experimentado o suficiente do mundo, incluindo seu "sucesso", para reconhecer seu vazio. Como diz uma canção cristã contemporânea:

> *Este mundo não tem nada para mim, mas este mundo tem tudo.*
> *Tudo o que eu poderia querer, mas nada do que eu precise.*[62]

## Just As I Am (Assim como estou)

> *Just as I am, without one plea (Assim como estou, sem nenhum apelo)*
> *But that Thy blood was shed for me (Mas o Teu sangue foi derramado por mim)*
> *And that Thou bid'st me come to Thee (E Tu me mandas vir a Ti)*
> *O Lamb of God, I come! (Ó Cordeiro de Deus, eu irei!) I come (Eu irei)*

---

[62] *This World* (Este Mundo). Aaron Tate. ©1994 Cumbee Road Music

Esse famoso hino antigo que Fiona se lembra de ter sido cantado na noite em que aceitou o chamado do altar em 1973, também era apreciado por Billy Graham para seus eventos evangélicos. Ele foi cantado na SCOAN em julho de 2012, em um memorial para o presidente Atta Mills, de Gana, que passou para a glória enquanto ocupava o alto cargo de presidente de seu país. O hino continua e diz:

> *Assim como estou, embora agitado*
> *Com muitos conflitos, muitas dúvidas*
> *Lutas e medos internos e externos*
> *Ó Cordeiro de Deus, eu irei, eu irei*
>
> *Assim como estou, sem esperar*
> *para livrar minha alma de uma mancha*
> *a Ti cujo sangue pode limpar qualquer mancha*
> *Ó Cordeiro de Deus, eu irei, eu irei*
>
> *Assim como eu estou, pobre, miserável, cego*
> *Visão, riquezas, cura da mente*
> *Sim, tudo que eu preciso, encontro em Ti*
> *Ó Cordeiro de Deus, eu irei, eu irei*
>
> *Assim como eu estou, você me receberá*
> *Serei acolhido, perdoado, limpo*
> *Porque na Tua promessa eu creio*
> *Ó Cordeiro de Deus, eu irei, eu irei*

O poder e a realidade por trás das palavras nascem da vida do escritor que vivenciou a dor e a doença, mas com a aceitação paciente da bondade de Deus.

T.B. Joshua disse:

> Veja sua situação como uma oportunidade de honrar a Deus, assim como é uma oportunidade para Deus glorificar o nome Dele.

Muitas pessoas admiravam muito o hino de Charlotte Elliott, mesmo durante sua vida. Pouco depois de sua morte, seu irmão, o Rev. Henry Venn Elliott, confidenciou ao editor de hinários Edward Henry Bickersteth:

# A ESTRADA PARA O CÉU

No decorrer de um longo ministério, espero ter podido ver alguns frutos de meu trabalho, mas sinto que muito mais foi feito por meio de um único hino de minha irmã.[63]

Por que o exemplo deste hino? Porque Jesus vê os sacrifícios ocultos e as reações às dificuldades, não apenas as ações ou palavras externas. É a "força por trás da ação" que determina o resultado, não a ação em si.

T.B. Joshua desafiou os membros da igreja, falando a eles no Prayer Mountain (Monte de Oração) em 2006 da seguinte maneira:

> Pelo que você será lembrado quando passar para a glória? Por que as pessoas se lembraram dos apóstolos?" Não foi por suas esposas, filhos ou propriedades, mas o preço supremo que pagaram para trazer o Evangelho até nós. Você deve ser lembrado pelo propósito para o qual foi criado.[64]

# A ESTRADA PARA O CÉU

Voltando à cerimônia em memória do presidente Atta-Mills, T.B. Joshua ministrou outra mensagem encorajadora, mas sóbria:

> Para chegar ao Céu, você deve seguir o caminho da Cruz. A estrada para o Céu começa deste lado da morte, e a entrada é muito fácil de encontrar. A Bíblia diz que todo aquele que invocar o nome do Senhor será salvo.
>
> Em Romanos 10:1-13, Paulo declarou que a estrada para o céu não é difícil de encontrar nem de acessar. Você está na estrada certa para o céu? Ela está bem na sua frente na Palavra de Deus.
>
> Em João 14:6, Jesus disse: *"Eu sou o caminho, e a verdade, e a vida; ninguém vem ao Pai senão por mim"*. Ele morreu por nossos pecados — venceu o poder da morte pela ressurreição. Você não precisa temer para onde está indo quando sabe que Jesus está indo com você. Você não está só.
>
> A morte não é um ponto final; é apenas uma vírgula por causa da morte e ressurreição de Jesus Cristo — se você depositar sua

---

63 Bickersteth E.H. (1872). *Hymnal Companion to the Book of Common Prayer, Annotated Edition* (Hinário do Livro de Oração Comum, edição anotada). Sampson Low & Co. Nota 114
64 *Uso responsável das bênçãos* Mensagem de T.B. Joshua no Prayer Mountain (Monte de Oração), 2 de março de 2006

fé Nele. Qualquer dia, até mesmo hoje, pode ser nosso último dia na Terra. Precisamos ter certeza de que estamos prontos para partir. Você está?

Seja você jovem, seja velho, o que importa é a graça de continuar vivendo no além. Um homem pode morrer jovem, mas estar satisfeito com a vida. Mas um homem perverso não se contenta nem mesmo com uma vida longa. Continuar confiando em Deus é a única maneira de nos prepararmos para as coisas para as quais não estamos prontos.

Se você está preparado para morrer, está preparado para viver. Eu oro para que quando chegar a hora de você partir, você saiba, em nome de Jesus.[65]

## O QUE É UM CRISTÃO?

Um verdadeiro cristão é aquele que depende da graça de Deus e coloca sua confiança somente em Cristo para a salvação.

Esta é a essência do cristianismo, não uma religião, mas um relacionamento com Jesus Cristo pela fé. É um relacionamento que vai além do túmulo: *"E livrasse todos que, pelo pavor da morte, estavam sujeitos à escravidão por toda a vida". (Hebreus 2:15)*

O Profeta T.B. Joshua lembrava regularmente seus ouvintes dos fundamentos da fé. Em sua mensagem de Páscoa de 2020, pregada nos estúdios da Emmanuel TV, ele abordou a questão de frente: *O que é um cristão?*

> Como ministro de Deus, tenho visto que as pessoas apresentam vários motivos para se chamarem de cristãos. Por exemplo, elas dizem: "Eu nasci cristão e cresci na igreja". "Eu sou cristão porque meus pais são crentes." "Eu sou um cristão porque tenho uma editora que publica Bíblias." "Sou cristão porque tenho a convicção de que Jesus é o Filho de Deus." Meu problema com essas respostas é que elas não mencionam o único motivo que qualifica alguém como cristão.
>
> Aqui está o desafio. Você pode frequentar a igreja e não ser cris-

---

[65] *A estrada para o Céu.* Sermão de T.B. Joshua, culto de domingo da SCOAN, 29 de julho de 2012

tão. Você pode ler a Bíblia e não ser cristão. Você pode eliminar os maus hábitos e tentar ser uma pessoa moral e ainda assim não ser um cristão. Todos esses hábitos são bons, mas as ações por si só não tornam alguém um cristão.

Quem é cristão então? Um cristão é uma pessoa a quem Deus perdoou por meio da obra consumada de Jesus Cristo na cruz, como diz o livro de Tito 3:3-6. Somos cristãos por causa da obra consumada de Jesus Cristo na cruz. O homem é um pecador que ficou aquém do padrão de Deus. Deus veio à Terra na pessoa de Jesus Cristo, morreu por nós e pagou por nossos pecados. Por meio de nossa fé Nele, recebemos Sua justiça e recebemos Seu perdão por nossos pecados e o dom da vida eterna.

Jesus morreu na cruz por mim e por você. Ele morreu por nós, nos ama e, quando abrimos nosso coração, Ele nos perdoa. Deixe-me levá-lo ao livro de Atos dos Apóstolos, capítulo 16, versículos 30 a 31. Este é o caso de um carcereiro que certa vez fez ao apóstolo Paulo a pergunta mais importante: "O que eu devo fazer para ser salvo?" Paulo respondeu: "Crê no Senhor Jesus e serás salvo". O negócio é o seguinte: ser cristão não tem a ver com o que você faz; mas sim com o que Jesus Cristo fez. Ele nos ama, Ele morreu por nós e nos perdoa quando abrimos nossos corações para acreditar.[66]

# Orações de consagração

Se você ainda não conhece o Senhor Jesus ou se deseja consagrar sua vida a Ele novamente, faça esta oração:

*Senhor Jesus, preciso de Ti.*
*Sou um pecador.*
*Entre em meu coração;*
*Purifica-me com Teu precioso sangue.*
*Salve minha alma hoje,*
*em nome de Jesus Cristo.*

Se você já se entregou à vontade de Deus e deseja saber mais sobre a direção Dele para sua vida, você pode orar assim:

---

66  *O que é um cristão?* Mensagem de T.B. Joshua, transmissão ao vivo do culto de domingo pela Emmanuel TV, 12 de abril de 2020

> *Senhor Jesus, eu me rendi à Tua vontade;*
> *Estou pronto para ir aonde Tu quiseres que eu vá,*
> *Para dizer o que Tu quiseres que eu diga,*
> *Para ser o que Tu quiseres que eu seja.*
> *Estou pronto, Senhor; eu estou pronto agora!*
> *O tempo é curto — o mundo está chegando ao fim.*
> *Eu não quero perder meu tempo.*
> *Diga-me o que devo fazer.*
> *Dê-me Tuas ordens.*
> *Eu prometo me submeter a tudo o que você deseja de mim.*
> *E aceitar tudo o que Tu permitires que aconteça comigo.*
> *Apenas me diga qual é a Tua vontade.*

T.B. Joshua sempre incentivou os novos convertidos a procurar uma igreja viva e a se envolver nela. Mas lembre-se, a essência da verdadeira igreja é Cristo em você, a esperança da glória. No Dia do Julgamento, a questão não será quem adorou nesta ou naquela igreja, ou quem é um bispo, ou pastor, ou profeta, mas quem adorou a Deus em espírito e verdade (João 4:24). O que importa é o estado de seu coração.

Você precisa se perguntar o seguinte: você está vivendo cada dia como se fosse o último?

Como você está usando a sua vida? Como você está gastando a sua vida? Porque a melhor maneira de usar a vida é gastá-la em algo que sobreviverá a ela. Por exemplo, a cada dia ame alguém com mais ternura. Basta olhar ao redor e você verá alguém que precisa de algo que você possui — seu amor, sua ajuda, sua força, seu tempo, seu sorriso ou sua palavra de encorajamento para guiá-lo no caminho certo.

Manter nosso coração apto para Sua visão sagrada e responder quando Ele chama — esta é nossa tarefa.

Viva cada dia como se fosse o último. Algum dia, será mesmo.

# Epílogo

T.B. Joshua foi um profeta de nosso tempo que ensinou a Palavra de Deus, trazendo convencimento — convencimento do pecado e da necessidade de se tornar mais sério no que diz respeito a seguir a Deus; uma convicção de que Deus é real e que Jesus Cristo voltará em breve.

A Palavra de Deus dominava seu pensamento, e isso se refletia na maneira como ele lidava com os tempos difíceis e a oposição ao Evangelho. Calmamente ele dizia: "Eu vejo as coisas de outra forma", e suas palavras promoviam a paz.

Sempre existiram tais "Pais no Senhor", que não seguem os padrões de seu próprio tempo e, portanto, são controversos; mas cujos legados espirituais têm o potencial de moldar as gerações futuras.

Há uma necessidade urgente hoje na cristandade de unir a aplicação efetiva da Palavra de Deus e a demonstração do Espírito Santo em poder. Vimos as evidências consistentes disso nas últimas duas décadas.

Mesmo assim, T.B. Joshua deixou muito claro que ainda não tinha "chegado lá"; ele ainda estava buscando mais de Deus, e quem sabe o que o futuro reserva?

*"Em verdade, em verdade vos digo que aquele que crê em mim fará também as obras que eu faço e outras maiores fará, porque eu vou para junto do Pai."* (João 14:12)

Ao longo dos anos, ele não fez segredo de seu desejo de ver as pessoas no ministério irem mais longe do que ele. Ele dedicou seu esforço de vida em ser mentor das pessoas.

Embora estranho, isto é algo absolutamente verdadeiro: os fracos cheios do poder de Deus farão a obra do Pai!

Para aqueles cujas vidas estão centradas em Jesus Cristo, o melhor está sempre por vir!

## Sobre os Autores

Gary e Fiona Tonge nasceram na Inglaterra no final da década de 1950. Em 1973, quando o "Movimento de Jesus" trouxe uma onda de avivamento, os dois experimentaram um encontro com Jesus Cristo que mudou radicalmente o rumo de suas vidas. Tendo um papel ativo na vida da igreja como presbíteros, pregadores leigos e líderes de jovens, eles tiveram o privilégio de viajar para ver o poder de Deus em evidência na cura e libertação em diferentes partes do mundo na década de 1990 e início de 2000.

Gary obteve um diploma de honra de primeira classe em Eletrônica e um PhD em Matemática pela Universidade de Southampton. Ele teve uma carreira de sucesso, ingressando no Conselho de Administração da Comissão Independente de Televisão do Reino Unido (ITC) aos 30 anos, antes de se lançar em consultoria e trabalho cristão voluntário a partir de 2004. Um Engenheiro Licenciado com mais de 35 anos de experiência, além de ser um Membro da Academia de Engenharia Real (Fellow da Royal Academy of Engineering) e do Instituto de Engenharia e Tecnologia (Institution of Engineering and Technology).

Fiona é uma ex-enfermeira com um diploma recente de pós-graduação em Gestão de Desastres Internacionais pela Universidade de Manchester.

Nas últimas duas décadas, eles viajaram como parte das equipes da Emmanuel TV a pedido de T.B. Joshua com o objetivo de preparar eventos evangélicos em estádios e para coordenar projetos humanitários no mundo todo.

www.ingramcontent.com/pod-product-compliance
Lightning Source LLC
Chambersburg PA
CBHW071612080526
44588CB00010B/1103